Conception graphique : Georges Riu
Mise en page : Georges Riu + Cent Pages

18, avenue de l'Opéra - 75001 Paris

Dépôt légal : septembre 2012
EAN/ISBN : 978-2-919548-01-9

Imprimé en CE

Bien déjeuner dans ma "boîte"

70 recettes faciles, à emporter pour prendre soin de sa pause déjeuner

par Yannick Alléno
avec les conseils nutritionnels du Dr Patrick Serog
photos Jean-François Mallet
collaboration rédactionnelle Leslie Gogois

malakoff médéric
PRÉSENTS POUR VOTRE AVENIR
LAYMON

Bien déjeuner dans ma "boîte"

Réconcilier pause déjeuner et santé du coeur

/ Après le succès du tome I de la collection Bien déjeuner dans ma « boîte », voici un nouveau recueil de 70 recettes inédites de Yannick Alléno. Toutes ont en commun de contribuer à lutter contre les facteurs de risques des maladies cardio-vasculaires (obésité, surpoids, hypertension artérielle, excès de cholestérol…) en proposant des ingrédients sains et soigneusement choisis. Ces recettes à emporter pour une journée de travail, sont faciles et rapides à réaliser pour des pauses déjeuner alliant gourmandise, santé et budget maîtrisé. /

Plus d'un tiers des salariés du secteur privé, n'ayant pas de cantine, emportent régulièrement leur déjeuner sur leur lieu de travail. Autre constat : les maladies cardio-vasculaires représentent la première cause de mortalité en France pour les femmes et la seconde pour les hommes, juste après le cancer*. Or une alimentation équilibrée alliée à une activité physique régulière est le premier geste de prévention indispensable à la santé du cœur et des artères.

Très impliqué dans la prévention santé, Malakoff Médéric a fait réaliser une étude sur « Les habitudes des salariés au déjeuner et leur perception des maladies cardio-vasculaires »**. Il en ressort que 67 % des salariés trouvent que les conseils en alimentation sont souvent contraignants et difficiles à mettre en œuvre au quotidien. 60 % manquent d'idées pour préparer leur repas. Et pour une grande

*Sources :
- Actualité et dossier en santé publique (HCSP), 2008/06, n° 63, 21-94, p.49
- Chiffres INSEE 2008 : Causes médicales de décès par sexe.

**Étude Harris Interactive pour Malakoff Médéric, « Les habitudes des salariés au déjeuner et leur perception des maladies cardio-vasculaires », mai 2012. Échantillon de 1 000 individus représentatifs des salariés français, âgés de 18 ans et plus.

majorité d'entre eux (57 %), il est difficile de concilier plaisir et alimentation équilibrée. En résumé, les salariés semblent démunis lorsqu'il s'agit de mêler, dans leur boîte-déjeuner, nutrition, plaisir et praticité. Et pour finir, les pauses déjeuner au bureau se transforment souvent en un casse-croûte pris sur le pouce, trop riche, trop gras ou trop salé.

La bonne nouvelle ? Pour plus de 8 salariés sur 10, l'alimentation apparaît comme une réelle préoccupation. On sent donc une envie de changement, freinée par un certain désarroi lorsqu'il s'agit d'adopter les bonnes pratiques.

Pour répondre à cette attente des salariés et réussir l'équation entre plaisir et santé, nous avons fait appel à Yannick Alléno, chef multi-étoilé, qui a relevé ce nouveau défi avec enthousiasme. Il a mis sa créativité et son savoir-faire au service de recettes qui permettent toutes de contribuer à prévenir les facteurs de risques des maladies cardio-vasculaires. Sans pour autant bouder gourmandise et simplicité.

Pour nous accompagner dans notre démarche et notre réflexion, nous avons fait appel à des experts de la nutrition et de la cardiologie, à qui nous avons donné la parole dans ces pages d'introduction : le professeur Arnaud Basdevant et le professeur Pierre Graux.

Patrick Serog, nutritionniste de renom et membre du comité médical et scientifique de Malakoff Médéric, a relu chaque recette. Il a traqué les aliments trop salés ou trop gras, a incité à varier huiles, épices et fines herbes et a fait en sorte que l'objectif santé de ce livre ne soit jamais délaissé au profit du goût. Il en a profité pour rappeler les bienfaits nutritionnels de certains ingrédients et dévoiler l'accompagnement idéal pour chaque recette.

Au final, laissez-vous guider les yeux fermés par ces petits plats qui prouvent que santé peut rimer avec plaisir. Transformez en douceur votre quotidien par de bonnes habitudes alimentaires et prévenez sur le long terme la survenue de complications. Les risques cardio-vasculaires ne sont pas une fatalité.

Avec ce deuxième tome de la collection Bien déjeuner dans ma « boîte », nous entendons poursuivre notre mission : prendre soin de la santé, du bien-être et du bien vieillir de toutes les générations en réconciliant, définitivement, pause déjeuner et santé du cœur. /

Le groupe Malakoff Médéric

Le sel, un aliment sournois

/ « Pour la préface d'un recueil de recettes permettant de protéger son cœur, j'ai naturellement pensé au sel. Ce produit cristallisé, incolore, sans odeur, au goût piquant et soluble modifie notre perception gustative. Il flatte les aliments, voilà pourquoi on a souvent la main lourde. Et pourtant, il est l'ennemi juré des risques cardio-vasculaires. C'est tout le paradoxe ici : s'habituer à délaisser cet aliment dont la vocation est de mettre l'eau à la bouche… » /

Professeur Pierre Graux

Au fil de ces pages, nous souhaitons vous aider à modifier votre hygiène de vie pour votre bien-être. Des idées reçues sont à briser au sujet du sel si valorisé dans notre inconscient collectif depuis des générations… Alors que sa composition est simple : 40 % de sodium et 60 % de chlorure.

Un aliment ancestral et vital

L'introduction du sel date probablement du Néolithique. La période de réchauffement terrestre nuit alors à la conservation des produits de la chasse et de la pêche… Dans l'Égypte ancienne, il servait au saumurage du poisson. Jusqu'au XVIIIe siècle, c'est un produit luxueux, rare et coûteux, utilisé comme signe de bienvenue. Sa rareté conduit à la création de routes maritimes et terrestres pour son acheminement et favorise de multiples échanges culturels entre civilisations.

Le sel a rapproché les hommes mais les a aussi fait combattre… Les exemples sont nombreux : les soldats romains sont payés avec du sel, d'où l'origine du terme salaire… Au XIe siècle, il devient une monnaie d'échange en Chine. À Venise, l'extraction du sel de la lagune est l'une des premières richesses de la ville ; tandis qu'en France, la royauté, dès Louis IX, s'octroie un monopole d'État sur la circulation du sel, imposant un impôt : la gabelle. Rappelons que cet impôt lourd fut l'un des moteurs du déclenchement de la Révolution française… Au XIXe siècle, la fabrication industrielle du sel de mer bouleverse la donne, parallèlement à l'apparition de nouvelles techniques de conservation des aliments.

Sans sel, la vie serait impossible : les muscles squelettiques et cardiaques ne pourraient pas se contracter. Ainsi, au niveau de la cellule, l'entrée de sodium est nécessaire pour provoquer sa dépolarisation, préalable indispensable à la contraction musculaire… Dans le cerveau, la conduction neuronale serait impossible sans sa présence. Plus globalement, son métabolisme est indissociable de celui de l'eau et il est nécessaire au fonctionnement des reins. Il est admis que 2 à 3 g de sel par jour suffisent dans nos zones tempérées, les besoins augmentant en cas de chaleur intense ou d'effort physique prolongé.

Si le sel est nécessaire à la vie, son excès de consommation nuit.

Un aliment dont l'excès est nuisible

C'est une évidence, l'excès de sel dans les sociétés industrialisées mène, au fil de la vie, à l'hypertension. L'enquête Flash 2010 a réévalué la prévalence de l'hypertension en France, qui concerne 15 millions de nos concitoyens. Il s'agit de la maladie chronique la plus répandue dans notre pays. Son mécanisme essentiel ? L'excès de sodium provoque un spasme des cellules musculaires de toutes les artérioles de l'organisme, d'où la montée de la tension artérielle.

L'hypertension est, par ailleurs, un puissant facteur de risque cardio-vasculaire évitable, à côté d'autres qui ne le sont pas comme l'âge. Elle favorise de multiples complications qui mettent en jeu le pronostic vital (accident vasculaire cérébral ischémique, parfois hémorragique, angine de poitrine, infarctus du myocarde, insuffisance cardiaque, etc.). Elle est aussi un facteur de risque de l'insuffisance rénale et de l'anévrisme de l'aorte abdominale. La surconsommation de sel serait responsable de plus de 75 000 accidents cardio-vasculaires et de plus de 25 000 morts en France chaque année.

Le « bien vieillir » suppose donc de ne pas favoriser l'hypertension mais aussi d'avoir une alimentation équilibrée et pas trop abondante afin de limiter l'incidence de l'hypercholestérolémie, de l'obésité, du diabète… Le tabac sera évité. Une activité physique quotidienne type marche prolongée fait partie de cette hygiène de vie qui limitera l'incidence de l'athérosclérose ou altération des parois des vaisseaux longtemps silencieuse avant que n'apparaisse son expression clinique : les maladies cardio-vasculaires décrites plus haut.

Un aliment longtemps privilégié

Le sel aide à maintenir un poids d'eau dans les aliments et les valorise donc. L'évolution de notre société a changé nos comportements : avec la réduction du temps de préparation des repas, on a de plus en plus recours aux plats préparés surgelés ou non, aux soupes en sachets ou en boîte (8 g de sel par assiette). Que dire des biscuits apéritifs, certes moins consommés, ou du pain, aliment traditionnel ? Une bonne boulange suppose l'utilisation de 8 à 9 g de sel par kilo de pâte à pain. Et une simple tranche prédécoupée (20 g environ) contient à elle toute seule 0,2 g de sel… Sachant que les Français en mangent volontiers plus de 5 par jour… N'oublions pas que l'accoutumance démarre dès l'état de nourrisson par le biais des petits pots et plats pour bébés, malgré des efforts récents de l'industrie alimentaire.

Les recommandations actuelles

L'OMS et la Société Européenne d'Hypertension demandent une limitation de la consommation journalière de sel à 5 g par jour, tandis que la Société Française de Cardiologie recommande une consommation de moins de 6 g par jour.

En résumé, si le sel est nécessaire à la vie, son excès de consommation nuit. Lisez et relisez les pages qui suivent : elles démontrent qu'une bonne cuisine peut être réalisée sans additif, ou peu, de chlorure de sodium. N'oubliez pas, si vous vivez en famille ou en communauté, que tout le monde doit jouer le jeu de la limitation de l'apport en sel. Vos changements d'habitudes alimentaires n'en seront que plus faciles à réaliser et donc plus efficaces… /

Professeur Pierre Graux
Chef de service de Cardiologie
Université Catholique de Lille

Yannick Alléno, un chef impliqué

/ Poursuivant sa collaboration avec Malakoff Médéric, Yannick Alléno, chef triplement étoilé à Paris, a relevé un nouveau défi : créer des recettes savoureuses au service de la santé. /

« Les médecins, cardiologues et nutritionnistes en tête, le répètent : l'alimentation joue un rôle prépondérant pour lutter contre les facteurs de risques des maladies cardio-vasculaires. Pour moi, cuisiner, c'est, depuis toujours, apporter du plaisir et du sens à travers une assiette. Au fil de ces pages, j'ai voulu que les recettes deviennent, en prime, des vecteurs de bien-être. Pour démontrer qu'avec des ingrédients sains et bien ciblés, on peut préparer des plats qui protègent le cœur et les artères. Sans pour autant bouder émotion et gourmandise.

Préparer des plats qui protègent le cœur et les artères sans bouder émotion et gourmandise.

Avec ces 70 recettes à emporter lors d'une journée de travail, j'aimerais que les salariés deviennent des acteurs de leurs pauses déjeuner. Qu'ils arrêtent de subir des plats trop gras ou trop salés. Tout au long de cette belle aventure, j'ai cherché à contourner le sel, en jouant sur les épices et les herbes, à diminuer les matières grasses, à privilégier des aliments maigres mais bons. En appliquant quotidiennement ces règles, en vous laissant guider par ces recettes simples mais goûteuses, vous découvrirez qu'il est vraiment facile de combiner plaisir et santé. Maintenant, c'est à vous de jouer : commencez dès aujourd'hui à protéger votre capital-santé à la pause déjeuner… » /

Du très bon pour prendre soin de son cœur

entretien croisé

/ L'alimentation est un des piliers de la prévention santé. C'est notamment en adoptant de bonnes règles nutritionnelles qu'on peut, au quotidien, lutter contre les facteurs de risques des maladies cardio-vasculaires. /

Deux experts de la nutrition et de la prévention, **le professeur Arnaud Basdevant, nutritionniste, chef de service à l'hôpital de la Pitié-Salpêtrière, et professeur d'université à la faculté Pierre et Marie Curie et Isabelle Hébert, directrice de la Stratégie et du Marketing, Santé et Prévoyance chez Malakoff Médéric** ont pour point commun de miser sur une prévention qui, tout en conciliant conseils concrets et bien-être, s'inscrit dans la durée.

Ce livre propose des recettes pour se protéger des facteurs de risques des maladies cardio-vasculaires, pourquoi un tel choix ?

Isabelle Hébert / Malakoff Médéric est très engagé dans la prévention santé des salariés et plus largement de l'ensemble de ses assurés et cotisants. Après le premier tome de la collection Bien déjeuner dans « ma boîte » qui proposait 70 recettes aussi savoureuses que favorisant le bien-être de tous, nous avons voulu aller plus loin dans la réconciliation du goût et de la santé.

les maladies cardio-vasculaires, c'est quoi au fait ?

avec le professeur Arnaud Basdevant, nutritionniste et chef de service à l'hôpital de la Pitié-Salpêtrière

Quand on parle de maladies cardio-vasculaires, de quoi s'agit exactement ?
1. Angine de poitrine
2. Insuffisance cardiaque
3. Trouble du rythme cardiaque
4. Infarctus du myocarde
5. Artérite
6. Accident Vasculaire Cérébral (AVC)

Quels sont les facteurs de risque ?
Il s'agit des conditions qui favorisent l'apparition des maladies cardio-vasculaires. Ces facteurs restent souvent silencieux pendant de nombreuses années. C'est pour cette raison qu'il faut les dépister.
1. Sédentarité
2. Tabagisme
3. Hypertension artérielle
4. Diabète
5. Excès de cholestérol
6. Obésité / surpoids
6. Troubles du sommeil
7. Tabac
8. Alcool
9. Prédisposition familiale

En quoi consiste le dépistage ?
> Prise de sang pour analyser la glycémie et le cholestérol
> Prise de tension
> Calcul de l'IMC (Indice de Masse Corporelle) et mesure du tour de taille
Il faut impérativement effectuer un dépistage si on a la notion de maladies vasculaires dans la famille, si l'on est sédentaire, si l'on a pris du poids ou « du ventre » depuis l'âge de 20 ans… et si l'on fume

Quels sont les principes généraux d'une alimentation équilibrée ?
1. Prendre ses repas dans un endroit calme et convivial, manger lentement
2. Un apport en sel raisonnable. Éviter la salière sur la table, ne pas re-saler un plat sans l'avoir goûté.
3. Un apport en matières grasses mesuré
4. Des fruits et des légumes pour apporter les vitamines et les minéraux
5. Boire de l'eau, limiter boissons sucrées et alcool
6. Bien évaluer la taille des portions

Nous avons demandé au talentueux chef Yannick Alléno de poursuivre son travail en concevant, en lien avec le docteur Patrick Serog, nutritionniste, des recettes qui contribuent à la prévention des facteurs de risques des maladies cardio-vasculaires (l'obésité, le surpoids, l'hypertension artérielle, l'excès de cholestérol...). En effet, ces maladies représentent l'une des premières causes de mortalité en France et la préoccupation numéro 2 des Français, juste après le cancer. On compte, dans notre pays, 15 millions d'hypertendus, dont 11 millions seulement sont traités, alors que l'hypertension est un facteur de risque majeur des maladies cardio-vasculaires.

Arnaud Basdevant / La prévention des maladies cardio-vasculaire nous concerne tous : que nous tentions de les éviter ou plus exactement de les retarder, que nous souhaitions en réduire l'évolution ou la récidive. Au cœur de la prévention se situent l'équilibre alimentaire, sans oublier l'activité physique, la qualité du sommeil et la gestion du stress.

Ces recettes s'inscrivent clairement dans une démarche préventive, quelles sont les évolutions récentes de la prévention en matière de nutrition ?

A. B. / La prévention nutritionnelle est souvent basée sur des « messages ». Une série d'injonctions rythmées par des : « il faut que... », « il n'y a qu'à... » et « on ne doit pas... ». La limite de cette approche est de s'adresser au « que faut-il faire ? » plutôt qu'au « comment faire dans la vie quotidienne ? ». L'enjeu d'un tel livre est de rendre possible l'application du conseil préventif « dans la vie réelle ». Il est de proposer des solutions pratiques, de « faciliter » les choses, de les rendre possibles. Par exemple, si conseiller de « bouger » est pertinent, encore faut-il rendre cette recommandation réalisable en installant une salle de sport sur le lieu de travail, des pistes cyclables sécurisées, des vélos facilement disponibles... Idem pour l'alimentation. Il faut aider les gens à trouver leur équilibre alimentaire au quotidien. Il ne s'agit pas de leur demander d'être des diététiciens d'eux-mêmes mais de rendre possible la réalisation des recommandations préventives... sans les culpabiliser.

I. H. / Justement, puisque plus d'un tiers des salariés n'ayant pas de cantine emportent leur déjeuner et puisque 8 salariés sur 10 déclarent qu'avoir une alimentation équilibrée est une préoccupation quotidienne, nous avons voulu leur proposer des vraies solutions, tenant compte à la fois du plaisir et des qualités nutritionnelles.

Ce livre a pour objectif de donner à tous les moyens, grâce à ses recettes, conseils et pages pratiques, d'acquérir de bonnes habitudes avant même d'être réellement concerné par les risques cardio-vasculaires. Il s'agit d'adopter une alimentation bonne pour le cœur sans tomber dans le médical fade et triste. Il s'agit aussi de s'engager sur le long terme et de façon globale. La prévention n'est efficace que si elle s'inscrit dans la durée. L'idée n'est pas de préparer une recette nutritionnellement équilibrée une fois de temps en temps mais bien d'adopter de nouveaux réflexes au quotidien, sur toute la journée, puis sur toute une vie... Avec 70 recettes, on a le choix, au moins pour commencer !

Pourquoi avons-nous tant de mal à concilier plaisir et santé ?

A. B. / Il y a une tendance profonde à associer la prévention au « régime », le régime à « l'interdit » : le plaisir est à la fois encensé et culpabilisé. S'ajoute une « cacophonie diététique », source de perplexité, de perte de repères et de confiance, et finalement d'anxiété. Or, nous savons que l'une des fonctions essentielle de l'alimentation au-delà de la satisfaction des besoins nutritionnels est d'être une source de plaisir et de convivialité. Opposer plaisir alimentaire et équilibre nutritionnel est un non-sens. Il est donc important de trouver des conseils pratiques qui allient la qualité nutritionnelle et respectent trois maîtres mots : plaisir, simplicité et confiance donc insouciance. Ce livre de conseils élaboré entre un expert du goût, le chef Yannick Alléno, et un expert de la nutrition, le docteur Patrick Serog contribue à la démarche du « comment faire ? ».

La prévention n'est efficace que si elle s'inscrit dans la durée.

I. H. / Oui, les Français ont souvent une vision rébarbative de l'alimentation santé. Ils imaginent des plats fades, peu appétissants. Ce livre témoigne du contraire ! C'est notre rôle à nous, acteurs de la prévention, de trouver des recettes bien-être qui soient aussi des recettes santé et c'est tout le pari de la collection Bien déjeuner dans ma « boîte ». Les recettes de Yannick Alléno offrent un bien-être immédiat parce qu'elles sont étudiées nutritionnellement, mais aussi parce qu'elles sont colorées et festives. On se sent mieux, on dort mieux, on est plus performant : le bien-être, c'est moi en mieux !

Bien déjeuner en prenant soin de son cœur

malakoff médéric

Malakoff Médéric, acteur majeur de la protection sociale complémentaire, est un groupe paritaire et mutualiste à but non lucratif*, qui exerce deux métiers : la gestion de la retraite complémentaire par répartition (mission d'intérêt général menée pour le compte des fédérations Agirc-Arrco) et l'assurance de personnes en santé, prévoyance et épargne-retraite.

Fort de 5 700 collaborateurs, Malakoff Médéric a pour double ambition d'optimiser la protection sociale de ses clients (individus et entreprises) et de prendre soin de la santé, du bien-être et du bien-vieillir de ses assurés et de leurs familles, tout au long de leur vie.

Deuxième assureur santé collectif (182 000 entreprises clientes et 3,5 millions de salariés assurés), le Groupe place la prévention santé au cœur de son activité parce que celle-ci permet à la fois de réduire les risques de la santé de demain et d'améliorer, dès aujourd'hui, la qualité de vie des salariés comme des retraités.

Malakoff Médéric est déjà investi dans la lutte contre l'hypertension artérielle à travers le programme expérimental de télémédecine, Vigisanté. Déployé en région Nord-Pas-de-Calais, Vigisanté permet de dépister l'hypertension en entreprise.

Partenaire de la Fédération française des banques alimentaires, Malakoff Médéric a choisi de leur reverser l'intégralité des droits lui revenant sur ce second volume de la collection Bien déjeuner dans ma « boîte », pour le développement de leurs ateliers cuisine auprès des plus démunis, avec pour mission de leur redonner le goût de cuisiner, en prenant soin de leur cœur.

* Les modes de gouvernance à la fois paritaires et mutualistes du groupe garantissent la prise en compte et la défense des intérêts des entreprises et des salariés (représentation directe et à parts égales des entreprises et des assurés dans les conseils d'administration).

Les salariés apportent de plus en plus leur déjeuner sur leur lieu de travail. D'où vient le succès de ces « lunchbox » ?

I. H. / Plusieurs raisons concourent à cet engouement très nouveau, en France, pour la « boîte-déjeuner » : la liberté de choisir ce que l'on aime, le coût des repas en extérieur, l'envie de maîtriser la qualité et l'origine de ce que l'on mange, un certain lien affectif : en emportant son déjeuner on apporte sur son lieu de travail un « morceau de chez soi » et puis, bien sûr, la commodité… Avec ces recettes spécialement élaborées pour prévenir les risques cardio-vasculaires, nous répondons à beaucoup de ces raisons et notamment à la possibilité de contrôler ce que l'on avale…

A. B. / L'une des forces du modèle français, c'est le plaisir alimentaire. C'est encore la possibilité d'avoir recours à des produits que l'on prépare soi-même et qui correspondent à une tradition. Avec ce livre, tous ceux qui emportent leur déjeuner et font attention à leur cœur, reprennent la main.

I. H. / Adopter une bonne nutrition, c'est au fond investir pour soi-même, veiller à son propre équilibre, préserver son capital pour éviter l'émergence de pathologies complexes à court et moyen terme. Cette « écologie de soi », nous l'avons imaginée pour ce livre dans une dynamique à la fois de plaisir et d'engagement durable. /

Voici 40 recettes, salées et sucrées, à déguster froides. Il suffit juste de les conserver au frais jusqu'à votre pause déjeuner. Rillettes de thon, salades, carpaccio, rouleaux de printemps, vous découvrirez de bons petits plats qui utilisent des ingrédients frais et délicieux. Leur particularité ? Toutes ces recettes vous aideront à prendre soin de votre cœur et de vos artères. Avec simplicité et gourmandise.

Pour prendre soin de son cœur

Bien déjeuner dans ma "boîte"

froid

40 recettes

Budget
€ : très bon marché
€ € : bon marché
€ € € : jour de fête

salé

Pour prendre soin de son coeur

Bien déjeuner dans ma "boîte"

froid

sucré

Crème froide de chou-fleur aux fines herbes

/ cette soupe froide à la texture veloutée vous permettra de faire le plein de légumes et fines herbes à l'heure du déjeuner. En hiver, optez pour une version chaude /

01. Lavez et ciselez la ciboulette. Découpez le chou-fleur en petits morceaux. Mettez les morceaux dans une casserole, mouillez juste à hauteur avec de l'eau. Faites cuire le chou-fleur 20 min à feu doux.

02. Pour vérifier la cuisson, piquez-le avec un couteau : il doit s'enfoncer facilement. Lorsqu'il est cuit, laissez-le refroidir puis mixez-le (en utilisant un robot à potage) avec le yaourt, la moutarde et l'huile de colza. Poivrez et ajoutez la ciboulette. Mélangez et versez dans une boîte-déjeuner bien hermétique. Conservez au frais jusqu'au moment de déguster.

1 personne
Préparation : 10 min
Cuisson : 20 min
Budget : €

1/3 de botte de ciboulette

300 g de chou-fleur

1 yaourt nature

½ cuil. à café de moutarde

1 cuil. à café d'huile de colza

Poivre

astuce / *Pensez à varier les fines herbes selon vos goûts. Pourquoi pas du persil plat ou du cerfeuil ?*

+ nutrition / *Le chou-fleur est un aliment qui contient des fibres ainsi qu'une substance particulière : les glucosinolates qui, au contact de la flore bactérienne, contribueraient à limiter le développement de certains cancers. Respecter la cuisson modérée, à feu doux, car elle protège les fibres et cette substance de leur destruction. Le chou-fleur est aussi source de vitamines, particulièrement les vitamines C, B5, B6, B9. Il contient également du manganèse. L'huile de colza vous apportera les acides gras essentiels dont vous avez besoin pour votre cœur.* / ***à compléter par...*** *1 source de protéines (viande, poisson ou œuf).*

Rillettes de thon au curry et fromage frais

/ le curry apporte une touche épicée à ces rillettes au fromage frais. Un vrai délice. Quant au thon albacore, adoptez-le ; il est idéal quand on veut prendre soin de son cœur et de ses artères /

1 personne
Préparation : 5 min
Pas de cuisson
Budget : €

10 brins de ciboulette
4 feuilles de basilic
1 petite boîte de thon albacore au naturel
1 cuil. à soupe de fromage frais (Saint-Moret)
1 cuil. à café de curry en poudre
2 cuil. à café d'huile d'olive
Poivre

01. Lavez et hachez les herbes. Dans un saladier, mélangez le thon avec le Saint-Moret, les herbes hachées, le curry et l'huile d'olive. Écrasez le tout à l'aide d'une fourchette. Poivrez. Dressez dans votre boîte-déjeuner et conservez au frais jusqu'au moment de déguster.

astuce */ Essayez une variante en mettant de la coriandre à la place du basilic.*

+ nutrition */ Le thon albacore est un poisson maigre, très riche en protéines. Ceux qui souhaitent diminuer le nombre de calories de cette recette utiliseront du fromage frais allégé et une cuillère à café d'huile d'olive, au lieu de deux. /* ***à compléter par…*** *1 omelette + 1 mélange de légumes et de féculents + 1 fruit.*

Salade de filets de rouget au poivron et safran

/ une recette pleine de notes méditerranéennes qui vous fera succomber à coup sûr /

01. Équeutez, épépinez et découpez le poivron en lanières. Mettez-le dans une petite casserole et mouillez avec 1 verre d'eau. Ajoutez le safran et faites cuire 5 min à feu vif.

02. Ajoutez les filets de rouget dans la casserole. Faites cuire 5 min à nouveau à feu doux. Stoppez le feu et laissez refroidir dans la casserole. Lavez et hachez le persil. Hachez les câpres et la gousse d'ail. Ajoutez l'ail, les câpres et le persil haché ainsi que l'huile et le vinaigre. Poivrez. Dressez dans votre boîte-déjeuner et conservez au frais jusqu'au moment de déguster.

1 personne
Préparation : 10 min
Cuisson : 10 min
Budget : € €

1 poivron rouge ou vert
3 pistils de safran
2 filets de rouget
2 branches de persil plat
8 câpres (facultatif)
1 petite gousse d'ail nouveau ou rose
1 cuil. à soupe d'huile d'olive
1 trait de vinaigre
Poivre

astuce / *Pour une version moins onéreuse, remplacez le safran par 2 pincées de cumin en poudre.*

+ nutrition / *Le rouget est un poisson un peu plus gras que les poissons blancs traditionnels (sole, cabillaud…) et d'une grande délicatesse. Ce poisson est une bonne source de vitamines A et D, particulièrement concentrées dans son foie. N'hésitez pas à le manger. Le poivron, très faiblement calorique, vous apportera des fibres, de la vitamine C et du carotène. Vous voilà avec une belle recette pleine de ressources.*/ ***à compléter par…*** *200 g de lentilles qui vous apporteront les protéines nécessaires à votre faim + 1 yaourt + 1 fruit.*

Thon en boîte au naturel, façon basquaise

/ une recette inratable qui deviendra sûrement un de vos best-of. Piment, thym et ail vous permettent d'éviter de la saler. Parfait quand on veut lutter contre l'hypertension /

1 personne
Préparation : 10 min
Cuisson : 10 min
Budget : €

1 petite tomate

1 petit poivron vert

½ tranche de jambon blanc allégé en sel

1 gousse d'ail

2 oignons nouveaux

2 cuil. à café d'huile d'olive

1 cuil. à café d'huile de colza

1 branche de thym

1 pincée de piment d'Espelette

1 petite boîte de thon albacore au naturel

Poivre

01. La veille, dessalez le thon en le laissant tremper quelques heures dans de l'eau claire.

02. Équeutez, videz et taillez la tomate et le poivron en gros morceaux. Hachez grossièrement le jambon blanc après avoir ôté le gras. Épluchez et hachez l'ail. Puis coupez finement les oignons avec leur queue.

03. Chauffez les deux huiles dans une poêle. Saisissez le poivron, l'ail, le thym dans l'huile chaude. Laissez cuire 5 à 8 min à feu vif en remuant. Puis baissez le feu et ajoutez la tomate en morceaux, le piment, le jambon haché ainsi que le thon avec 1 cuillère à soupe d'eau. Laissez cuire 2 min à feu doux avant de stopper le feu. Laissez refroidir. Dressez dans votre boîte-déjeuner et conservez au frais jusqu'au moment de déguster.

astuce / *Vous pouvez aussi réaliser cette recette avec un reste de poisson froid (colin, merlan ou lieu).*

+ nutrition / *Voici une recette qui apporte beaucoup de protéines grâce au jambon blanc et au thon albacore. Le mélange d'huile d'olive et de colza vous apportera des acides gras mono-insaturés ainsi que des oméga 3 et des oméga 6. Un vrai cocktail de bons nutriments pour votre cœur !* / ***à compléter par...*** *1 bon plat de légumes + 1 fromage blanc. Vous pouvez aussi vous laisser tenter par 1 tarte aux fruits.*

Salade niçoise aux anchois marinés

/ contrairement aux anchois en boîte, les anchois frais sont beaucoup moins salés et vraiment délicieux. Voici une recette qui les met à l'honneur pour notre plus grand bonheur. À conserver au frais absolument /

01. Écossez et faites cuire les haricots verts dans une casserole d'eau bouillante pendant 10 min environ. Égouttez-les et rafraîchissez-les dans de l'eau froide pour stopper la cuisson et fixer leur couleur verte.

02. Faites cuire l'œuf 10 min à l'eau bouillante salée, égouttez-le et rafraîchissez-le dans de l'eau froide.
Posez les filets d'anchois sur une assiette et pressez le citron par-dessus. Nappez d'huile d'olive. Poivrez. Laissez mariner 10 min à température ambiante.

03. Mélangez les haricots verts, la tomate coupée en quartiers, le basilic haché, les filets d'anchois. Ajoutez la marinade, mélangez délicatement et dressez la salade dans votre boîte-déjeuner. Posez l'œuf coupé en deux par-dessus et conservez au frais jusqu'au moment de déguster. Pour le transport, nous vous recommandons un sac isotherme.

1 personne
Préparation : 10 min
Cuisson : 10 min
Repos : 10 min
Budget : €

150 g de haricots verts
1 œuf
1 petite tomate
4 filets d'anchois frais (ou de petites sardines)
1 citron
2 cuil. à soupe d'huile d'olive
4 feuilles de basilic
Poivre

astuce / *Pour gagner du temps, utilisez des haricots verts déjà équeutés. Vous pouvez aussi agrémenter cette salade de thon albacore.*

+ nutrition / *L'œuf est un merveilleux aliment : la diversité de ses acides aminés contenus dans les protéines correspond aux besoins de l'être humain. Il contient certes du cholestérol mais il peut être mangé par tout le monde en quantité raisonnable. Enfin, il est de faible valeur calorique tout en apportant un très bon rassasiement.* / **à compléter par…**
1 fromage blanc + 1 fruit + 1 morceau de pain (baguette tradition)

Salade de lentilles au saumon frais

/ lentilles et saumon, un mariage heureux entre deux ingrédients nutritionnellement au top /

01. Faites cuire les lentilles pendant 30 minutes environ dans une casserole d'eau, sans sel. Égouttez-les et laissez-les refroidir.

02. Effeuillez, lavez et hachez l'estragon. Découpez la chair du saumon en petits morceaux. Faites-les revenir 3 min à la poêle avec l'huile de colza puis mélangez-les avec les lentilles. Ajoutez le jus de cuisson du poisson, la moutarde et l'estragon haché. Mélangez et poivrez. Laissez refroidir. Dressez dans votre boîte-déjeuner et conservez au frais jusqu'au moment de déguster.

1 personne
Préparation : 10 min
Cuisson : 30 min
Budget : € €

80 g de lentilles vertes du Puy

1 branche d'estragon frais

150 g de saumon frais

1 cuil. à soupe d'huile de colza

1 cuil. à café de moutarde verte à l'estragon

1 petite échalote

Poivre

astuce / *Une recette que vous pouvez aussi réaliser avec du quinoa ou des lentilles corail.*

+ nutrition / *Les lentilles vous apporteront des protéines et très peu de lipides, alors que le saumon frais est un poisson certes gras mais qui contient de bonnes graisses comme les oméga 3. Il s'agit là d'un heureux mariage nutritionnel complété par l'huile de colza.* / ***à compléter par...*** *1 belle assiette de légumes + 1 fromage blanc avec son coulis de fruits rouges + 1 fruit, si vous avez encore faim.*

Carpaccio de veau aux champignons de Paris, mimolette et huile de noix

/ cette recette très originale vous fera (re)découvrir le veau cru, une viande maigre particulièrement adaptée quand on veut prendre soin de son cœur. À conserver au frais absolument /

1 personne
Préparation : 10 min
Pas de cuisson
Budget : € €

2 grands champignons de Paris

30 g de mimolette vieille

80 g de noix de veau

2 cuil. à café d'huile de noix

1 cuil. à café de vinaigre balsamique

Poivre

01. Lavez et taillez les champignons en fines tranches. Taillez la mimolette en copeaux. Coupez le veau en tranches très fines. Déposez les lamelles de champignons au fond de votre boîte-déjeuner.

02. Recouvrez avec les tranches de veau. Poivrez et nappez d'huile et de vinaigre. Parsemez de copeaux de mimolette. Conservez au frais jusqu'au moment de déguster. Pour le transport, nous vous recommandons un sac isotherme.

astuce / *Pour former les copeaux de mimolette, vous pouvez utiliser une mandoline, un économe ou un couteau.*

+ nutrition / *La mimolette est un fromage riche en protéines et en graisses mais il est nutritionnellement intéressant, car il contient une bonne dose de calcium. Quant au veau, il s'agit d'une viande maigre. Cette recette très originale vous permet de calmer votre première faim tout en vous nourrissant. L'huile de noix vous apportera les oméga 3 que vous recherchez pour votre cœur.* / ***à compléter par...*** *1 fromage blanc avec du concombre + 1 flan en dessert.*

Taboulé au poulet et pignons

/ le taboulé, un grand classique des pauses déjeuner. En voici une version équilibrée qui vous rassasiera en un tour de main /

1 personne
Préparation : 15 min
Cuisson : 15 min

1 blanc de poulet
80 g de semoule (moyenne)
1 cuil. à café de pignons
6 feuilles de menthe
50 g de concombre
4 tomates cerises
1 cuil. à soupe d'huile d'olive
1 citron vert
Poivre

01. Faites cuire 15 min le blanc de poulet dans une casserole d'eau bouillante ou à la vapeur. Laissez-le refroidir avant de le découper en fines lamelles.

02. Versez la semoule dans un bol, mouillez avec de l'eau à hauteur et faites-la cuire 3 min au four à micro-ondes. Dans une poêle, saisissez les pignons à sec (sans matière grasse) à feu vif pour les colorer.

03. Lavez et hachez la menthe fraîche. Videz et taillez le concombre en petits dés. Puis découpez les tomates cerises en 2. Mélangez la semoule, le poulet, la menthe, l'huile d'olive, le jus de citron vert, les pignons, les dés de concombre et les tomates dans un saladier. Poivrez. Dressez le tout dans votre boîte-déjeuner et conservez au frais jusqu'au moment de déguster.

astuce / *Attention les pignons dorent vite, surveillez-les bien quand vous les saisissez à la poêle.*

+ nutrition / *Voici une recette pour calmer vraiment votre faim. L'association de la semoule et du poulet vous apportera un rassasiement rapide. Sachez que les pignons de pin sont les plus caloriques des oléagineux : 660 calories pour 100 g. Un seul minuscule pignon apporte près de sept calories. N'essayez pas de doubler la quantité proposée.* / ***à compléter par...*** *1 mélange de fromage blanc et fruits.*

Rouleaux de printemps au boeuf et à la mangue

/ cette recette est totalement addictive pour les amateurs de sucré-salé. Un vrai coup de cœur /

1 personne
Préparation : 15 min
Cuisson : 5 min
Budget : € €

1 petite mangue pas trop mûre

100 g de steak de bœuf maigre à poêler (rumsteak, poire, tranche)

5 branches de coriandre

4 feuilles de menthe

1 cuil. à soupe d'huile de colza

4 petites galettes de riz

Poivre

01. Épluchez et découpez la mangue en larges lanières. Coupez le bœuf en petites tranches. Lavez et découpez les herbes aux ciseaux. Chauffez l'huile de colza, saisissez 3 min les lamelles de bœuf dans l'huile fumante en remuant. Poivrez et coupez le feu. Laissez refroidir la viande.

02. Une fois la viande refroidie, mélangez-la avec les morceaux de mangue et le jus de cuisson. Humidifiez les galettes de riz avec de l'eau tiède et déposez-les sur le plan de travail. Répartissez le mélange au bœuf et à la mangue. Ajoutez les herbes au centre des galettes. Roulez-les une par une en serrant bien. Dressez-les dans votre boîte-déjeuner et conservez au frais jusqu'au moment de déguster.

astuce / *Lorsque vous préparez les fines herbes, gardez les tiges pour la coriandre et effeuillez la menthe.*

+ nutrition / *Ce rouleau de printemps est très équilibré. Grâce à la viande maigre, vous obtiendrez une bonne quantité de protéines. La mangue apportera des glucides simples, du carotène et de la vitamine C, les galettes de riz des glucides complexes et l'huile de colza des acides gras essentiels.* / ***à compléter par...*** *1 belle salade + 1 morceau de camembert + 1 morceau de pain + 1 fruit.*

Tartare de haddock aux légumes croquants et huile d'olive

/ le croquant des légumes mixé à la saveur du haddock, ça donne une recette vite faite bien faite qui vous fera faire le plein de vitamines et de protéines /

1 personne
Préparation : 15 min
Cuisson : 5 min
Budget : €

1 tomate
1 petite carotte
1 petite courgette
1 petit morceau de fenouil
150 g de haddock
3 feuilles de menthe
2 feuilles de basilic
1 cuil. à soupe d'huile d'olive
1 trait de vinaigre
Poivre

01. La veille, dessalez le haddock en le laissant tremper quelques heures dans de l'eau claire.

02. Épluchez et découpez les légumes en tout petits dés. Plongez-les 5 min dans une casserole d'eau bouillante et égouttez-les. Retirez la peau du haddock, taillez-le en petits morceaux de la taille des légumes. Lavez et hachez les herbes.

03. Dans un saladier, mélangez tous les ingrédients, excepté les herbes. Ajoutez l'huile, le vinaigre et les herbes. Poivrez. Dressez dans votre boîte-déjeuner et conservez au frais jusqu'au moment de déguster.

astuce / *Pour éviter l'huile, liez ce tartare avec 2 cuil. à soupe de fromage blanc à 0% de matière grasse et 1 pointe de moutarde forte.*

+ nutrition / *Le haddock est de l'églefin : un poisson maigre fumé et salé, qu'il convient de dessaler quand on veut lutter contre l'hypertension artérielle. Sa couleur orange saumonée lui est fournie par un colorant alimentaire naturel, le rocou. Ce poisson est très riche en protéines et peu calorique.* / ***à compléter par...*** *Des pommes de terre sautées dans très peu d'huile + 1 salade de fruits + 1 gâteau sec.*

Tartare de lieu au citron vert et à la coriandre

/ du lieu dans un tartare, on y pense rarement. Quel dommage car ce poisson peu coûteux, à la fois maigre et plein de protéines, est un vrai délice. Parfait pour ceux qui luttent contre les risques cardio-vasculaires. À conserver au frais absolument /

1 personne
Préparation : 10 min
Pas de cuisson
Repos : 10 min
Budget : €

5 branches de coriandre

2 citrons verts

180 g de filet de lieu (sans peau et sans arêtes)

1 oignon nouveau

3 cuil. à café d'huile d'olive

Poivre

01. Lavez et hachez grossièrement la coriandre. Pressez le jus des citrons verts. Coupez le poisson en petits cubes réguliers. Épluchez et hachez l'oignon nouveau avec la queue. Mélangez le poisson, la coriandre, le jus de citron, l'huile d'olive et l'oignon nouveau. Poivrez.

02. Laissez mariner 10 min au réfrigérateur. Puis dressez le tartare dans votre boîte-déjeuner. Conservez au frais jusqu'au moment de déguster. Pour le transport, nous vous recommandons un sac isotherme.

astuce / *Pensez à rajouter des petits dés de concombre, de radis et de fenouil dans ce tartare pour apporter du croquant.*

+ nutrition / *Les deux atouts du lieu ? Ce poisson blanc maigre est abordable et très protéique. La quantité de protéines vous permettra de vous sentir bien rassasié.* / ***à compléter par...*** *1 galette de sarrasin poêlée pour apporter un féculent + 1 yaourt au lait entier + 1 pêche au vin (ou un autre fruit).*

Soupe froide à la tomate, basilic et haricots rouges

/ en moins de quinze minutes, vous obtenez une soupe «maison» à la tomate succulente, pourquoi s'en priver ? /

01. Lavez le basilic. Lavez et coupez les tomates en morceaux. Épluchez et hachez l'ail. Chauffez l'huile dans une casserole, saisissez l'ail haché dans l'huile chaude, laissez roussir légèrement et ajoutez les morceaux de tomate. Baissez le feu et laissez cuire à feu doux 5 min, en remuant.

02. Ajoutez les haricots rouges avec un peu d'eau. Portez à ébullition et stoppez le feu. Ajoutez les feuilles de basilic et mixez l'ensemble. Poivrez. Versez la soupe dans une boîte-déjeuner bien hermétique. Conservez au frais jusqu'au moment de déguster.

1 personne
Préparation : 5 min
Cuisson : 8 min
Budget : €

5 feuilles de basilic frais

2 tomates bien mûres

1 gousse d'ail rose

1 cuil. à soupe d'huile d'olive

4 cuil. à soupe de haricots rouges en boîte

Poivre

astuce / *Avec une pointe de paprika et de piment d'Espelette, vous obtiendrez des notes épicées qui se marient bien avec cette soupe.*

+ nutrition / *Voilà une soupe qui devrait vous caler grâce aux haricots rouges, que vous pourrez laisser tremper quelques heures dans de l'eau pour les dessaler. Ces haricots sont riches en fibres et protéines. Ils contiennent également un peu de fer. Nous ne mangeons pas assez de légumes secs, c'est une bonne occasion.* / ***à compléter par...*** *1 fromage blanc avec un peu de confiture + 1 petite tarte fine aux fruits, si vous avez encore faim.*

Salade de roquette aux foies de volaille

/ une recette simple, bonne et originale prête en vingt minutes, bref une recette qui a tout bon… À tester de toute urgence /

1 personne
Préparation : 10 min
Cuisson : 10 min
Budget : €

30 g de roquette
150 g de foies de volaille
1 gousse d'ail
2 branches de persil
1 cuil. à café d'huile de colza
1 cuil. à café de curry
1 cuil. à café d'huile d'olive
Poivre

01. Lavez et essorez la roquette. Coupez les foies de volaille en morceaux. Épluchez et hachez l'ail, lavez et hachez le persil. Chauffez l'huile de colza dans une poêle, saisissez les morceaux de foies de volaille dans l'huile chaude, faites-les colorer quelques minutes puis baissez le feu. Ajoutez l'ail et le curry. Poivrez et laissez cuire 5 min en remuant.

02. Lorsque les foies sont cuits, stoppez le feu. Laissez-les refroidir avant de les mélanger avec la roquette. Dressez le tout dans votre boîte-déjeuner. Conservez au frais jusqu'au moment de déguster. Ajoutez l'huile au dernier moment.

astuce / *Pour une recette encore plus rapide, remplacez les foies de volaille par des tranches de magret de canard fumé (dont vous aurez enlevé le gras).*

+ nutrition / *Contrairement aux idées reçues, les foies de volaille sont des abats relativement maigres. Ils ne contiennent que 7 grammes de lipides pour 100 g. En revanche, ils sont très riches en protéines, 25 g pour 100 g. C'est donc un plat très rassasiant qui a l'avantage de ne pas être salé.* / ***à compléter par…*** *1 crème caramel.*

Gaspacho de courgettes à l'estragon

/ dès que l'hiver arrive, pensez à déguster cette soupe en version chaude et non froide… Versez-la dans un thermos avant de partir au bureau ou réchauffez-la au micro-ondes /

1 personne
Préparation : 10 min
Cuisson : 15 min
Budget : €

2 branches d'estragon frais

2 gousses d'ail rose

2 petites courgettes

1 cuil. à soupe d'huile d'olive

Poivre

01. Épluchez les gousses d'ail. Équeutez, lavez et taillez les courgettes en tronçons. Faites-les cuire à l'eau bouillante ou à la vapeur avec les gousses d'ail pendant 15 min environ.

02. Effeuillez l'estragon. Mixez les courgettes avec les gousses d'ail cuites, l'estragon et l'huile d'olive. Poivrez et laissez refroidir. Versez dans une boîte-déjeuner bien hermétique. Conservez au frais jusqu'au moment de déguster.

astuce / *Optez pour les fines herbes que vous aimez, avec les courgettes, elles sont nombreuses à fonctionner : basilic, persil plat ou encore cerfeuil.*

+ nutrition / *Cette soupe vous permettra de dilater votre estomac et de ralentir votre faim. Contrairement aux gaspachos tout prêts, ce plat contient très peu de sel. Il faut le compléter par des protéines.*
/ ***à compléter par…*** *100 g environ de lamelles de blanc de poulet que vous pouvez assaisonner de paprika + 1 salade de fruits (ou 1 fruit).*

Salade de riz aux crevettes et citron vert

/ une salade de riz parfumée et bien équilibrée. Idéale pour une pause déjeuner saine qui permet de tenir toute l'après-midi sans fringale /

1 personne
Préparation : 10 min
Pas de cuisson
Budget : € €

1 citron vert
8 crevettes roses cuites
1 cuil. à café d'huile de colza
2 cuil. à soupe de petits pois surgelés
100 g de riz cuit
4 branches d'aneth
1 cuil. à soupe d'huile d'olive
1 cuil. à café de graines de sésame (facultatif)
Poivre

01. La veille, placez le citron au congélateur (facultatif).

02. Le lendemain, épluchez et coupez les crevettes en morceaux. Chauffez l'huile de colza dans une petite poêle, saisissez les petits pois encore surgelés dans l'huile chaude. Faites-les cuire 3 min, stoppez le feu puis ajoutez le riz et les morceaux de crevettes. Râpez le zeste de citron, pressez le jus par-dessus et mélangez. Lavez et hachez l'aneth. Ajoutez les herbes, le sésame et l'huile d'olive dans la salade de riz. Poivrez et mélangez.

03. Dressez la salade de riz dans votre boîte-déjeuner. Conservez au frais jusqu'au moment de déguster.

astuce / *Tout aussi bon quand on remplace les crevettes par des dés de poulet ou de dinde.*

+ nutrition / *Les crevettes sont particulièrement maigres et peu caloriques. La texture de leur chair et leur richesse en protéines (8 g pour 100 g) en font l'un des aliments les plus rassasiants. Associée à des petits pois et à du riz, cette salade vous permettra de passer l'après-midi sans tentation.* / **à compléter par...** *1 yaourt + 1 fruit.*

Tartine à la tomate et à la daurade provençale

/ on craque pour cette tartine à la daurade aux notes méditerranéennes /

1 personne
Préparation : 5 min
Cuisson : 10 min
Budget : €

1 petite tomate
1 filet de daurade
1 tranche de pain de campagne
1 cuil. à soupe d'huile d'olive
1 pincée d'herbes de Provence séchées
Poivre

01. Lavez et coupez la tomate en tranches. Coupez finement le filet de daurade en tranches. Préchauffez votre four à 170 °C (th. 5- 6). Placez les morceaux de poisson sur le pain en les intercalant avec les tranches de tomate.

02. Déposez la tartine dans un plat à gratin, arrosez d'huile d'olive, saupoudrez d'herbes de Provence. Poivrez et faites cuire au four pendant 10 min. Lorsque le poisson est cuit et le pain doré, déposez la tartine dans votre boîte-déjeuner. À déguster chaude ou froide, selon vos envies.

astuce / *Tout aussi bon avec des filets de rouget…*

+ nutrition / *La daurade et un poisson très digeste, riche en vitamines (surtout du groupe B) et en iode. Avec seulement 76 calories pour 100 g, il est l'allié idéal lorsque vous voulez faire attention à votre ligne et à votre cœur. La tranche de pain de campagne vous servira de féculents.* / ***à compléter par…*** *1 part de flan pâtissier, histoire de vous faire plaisir…*

Salade de quinoa au jambon blanc, piment et ananas

/ une salade sucrée-salée aux notes exotiques, de quoi vous faire succomber à l'heure du déjeuner. Elle vous fera adopter le quinoa, une excellente source de protéines végétales /

1 personne
Préparation : 10 min
Cuisson : 20 min
Budget : €

80 g de quinoa
1 tranche d'ananas frais
1 tranche de jambon blanc
4 branches de coriandre fraîche
1 pincée de piment en poudre
1 cuil. à soupe d'huile de colza
Poivre

01. Faites cuire le quinoa pendant 20 min environ comme indiqué sur le paquet et laissez-le refroidir. Coupez l'ananas et le jambon en petits morceaux. Lavez et hachez grossièrement la coriandre avec les queues.

02. Dans un saladier, mélangez tous les ingrédients. Poivrez. Puis ajoutez le piment en poudre, la coriandre et l'huile, mélangez et dressez dans votre boîte-déjeuner. Conservez au frais jusqu'au moment de déguster.

astuce / *Si vous mettez la main sur du basilic thaï, très parfumé, rajoutez-en quelques feuilles dans cette salade. Vous en trouverez dans les épiceries asiatiques.*

+ nutrition / *Voici une alliance intéressante entre des protéines d'origine végétale avec le quinoa et des protéines animales avec le jambon. Le quinoa est une céréale en vogue ; il faut dire qu'elle est une excellente source de protéines mais aussi de manganèse, fer, cuivre, magnésium, zinc et vitamine B2, tout en étant très pauvre en lipides.* /
à compléter par... *1 tarte aux fruits.*

Poisson mariné à l'huile d'olive et aux agrumes

/ fraîche et acidulée, cette recette vous apportera un coup de fouet pour l'après-midi /

1 personne
Préparation : 10 min
Pas de cuisson
Budget : € €

6 feuilles de basilic
1 orange
1 citron vert
1 pavé de cabillaud
1 cuil. à soupe d'huile d'olive
3 cuil. à soupe de semoule moyenne cuite
Poivre

01. Lavez et hachez le basilic, épluchez l'orange et le citron à vif puis détachez les segments avec un couteau bien aiguisé. Coupez le cabillaud en dés et mélangez-le avec les agrumes. Ajoutez l'huile d'olive, la semoule et le basilic.

02. Poivrez. Dressez le tout dans votre boîte-déjeuner et conservez au frais jusqu'au moment de déguster.

astuce / *Pour ceux qui ne mangent pas de poisson cru, faites poêler les cubes de cabillaud dans un filet d'huile de colza, laissez-les refroidir avant de les mélanger aux autres ingrédients.*

+ nutrition / *Le cabillaud fait partie de la famille des morues. Ce poisson très maigre est riche en protéines, 23 g pour 100 g. Il vous apportera du sélénium, de l'iode et de la vitamine B12. Le mélange semoule/cabillaud vous apportera protéines et glucides complexes. Un bienfait nutritionnel.* /
à compléter par… *1 beau melon.*

Salade de penne à l'huile de noisette, roquette et comté

/l'huile de noisette apporte à cette salade de pâtes une note originale qui se marie très bien avec le comté. Un vrai régal! /

01. Faites cuire les pâtes al dente dans une casserole d'eau bouillante. Lavez et essorez la roquette. Concassez les noisettes dans un mortier et coupez le comté en petits morceaux. Une fois les pâtes cuites, égouttez-les avant de les rafraîchir sous un filet d'eau froide.

02. Mélangez les pâtes froides, la roquette, le comté, les noisettes et l'huile de noisette dans un saladier. Ajoutez une toute petite pincée de sel, poivrez et dressez le tout dans votre boîte-déjeuner. Conservez au frais jusqu'au moment de déguster.

1 personne
Préparation : 5 min
Cuisson : 10 min
Budget : €

30 g de roquette
5 noisettes
30 g de comté
150 g de penne
2 cuil. à café d'huile de noisette
Sel, poivre

astuce / *Remplacez le comté par des copeaux de mimolette pour apporter une touche de couleur.*

+ nutrition / *Ce plat ne contient pas assez de protéines. Il faut donc le compléter par du jambon. Ainsi, vous n'aurez pas faim au cours de l'après-midi. Salez cette recette le moins possible car le fromage et le jambon contiennent suffisamment de sel.* / ***à compléter par...*** *1 tranche de jambon blanc allégé en sel + 1 île flottante (ou une mousse de fruit).*

Quinoa, concombre et poulet à l'huile de noix

/voici une recette qui joue sur les textures et sur les saveurs, avec du tendre et du croquant, du salé et du sucré. Inédit et réussi ! /

1 personne
Préparation : 10 min
Cuisson : 20 min
Budget : €

50 g de quinoa cru
1 blanc de poulet
1 cuil. à café d'huile de colza
80 g de concombre
10 radis roses
1 petite poignée de feuilles de roquette
10 myrtilles
1 cuil. à soupe d'huile de noix
Poivre

01. Faites cuire le quinoa pendant 20 min environ (comme indiqué sur le paquet), égouttez-le et rafraîchissez-le sous un filet d'eau froide. Coupez finement le poulet et poêlez-le avec l'huile de colza pendant 6 à 8 min à feu moyen. Videz et coupez le concombre en petits morceaux. Lavez et coupez finement les radis roses. Lavez et essorez la roquette.

02. Dans un saladier, mélangez le quinoa, le poulet avec le jus de cuisson, les morceaux de concombre, les radis, les myrtilles rincées et l'huile de noix. Poivrez et dressez dans votre boîte-déjeuner avec la roquette à part. Conservez au frais. Au dernier moment, mélangez la roquette avec le quinoa.

astuce / *Les amateurs de cresson remplaceront la roquette par une poignée de cresson frais, rincé à l'eau froide.*

+ nutrition / *Voilà une association originale : des crudités, de la salade, du poulet et des protéines végétales avec le quinoa. Un joli mélange de bienfaits nutritionnels !* / ***à compléter par...*** *1 fromage blanc + 1 coulis de fruits rouges.*

Saumon frais aux quartiers d'orange, fèves et menthe

/ saumon, orange, fève et menthe, quatre saveurs qui s'acoquinent merveilleusement bien et qui sont idéales pour avoir un cœur en pleine forme /

01. Pochez le saumon dans une casserole d'eau bouillante pendant 5 min environ. Égouttez-le et laissez-le refroidir avant de l'effeuiller. Faites cuire les fèves dans une autre casserole d'eau bouillante pendant 10 min environ. Épluchez l'orange à vif et détachez les quartiers, en prenant soin de bien retirer toutes les membranes blanches.

02. Mélangez les quartiers d'orange avec les fèves refroidies et le saumon. Poivrez, ajoutez les feuilles de menthe hachées, l'huile de colza et l'huile d'olive. Mélangez délicatement, dressez dans votre boîte-déjeuner et conservez au frais jusqu'au moment de déguster.

1 personne
Préparation : 10 min
Cuisson : 10 min
Budget : €

1 pavé de saumon

100 g de fèves surgelées

1 orange

5 feuilles de menthe

1 cuil. à café d'huile de colza

1 cuil. à café d'huile d'olive

Poivre

astuce / *Tentez cette recette avec une belle tranche de colin pochée à la place du saumon.*

+ nutrition / *Les fèves sont des féculents riches en glucides complexes mais contenant une quantité intéressante de protéines (environ 6 g pour 100 g), ainsi que des fibres favorables au transit intestinal. L'association d'un poisson gras comme le saumon et de fèves maigres est un heureux mariage de glucides et d'acides gras bons pour votre cœur.* / ***à compléter par...*** *1 yaourt + 1 salade de fruits rouges.*

Filet mignon de porc rôti au ketchup et citron vert

/ dans cette recette, le filet mignon badigeonné de miel, ketchup et jus de citron reste tendre et moelleux. Un délice ! Et qui a dit qu'il fallait se passer de porc quand on fait attention à son cœur ? /

1 personne
Préparation : 10 min
Cuisson : 25 min
Budget : € €

1 cuil. à café de miel liquide

1 cuil. à café de ketchup

1 jus de citron vert

2 pincées de paprika en poudre

150 g de filet mignon de porc

1 salade rougette

1 cuil. à soupe d'huile d'olive

Poivre

01. Préchauffez votre four à 180 °C (th. 6). Mélangez le miel, le ketchup, le jus de citron vert et le paprika dans un bol en fouettant. Badigeonnez le filet mignon avec cette préparation, posez-le dans un plat à gratin et faites cuire au four pendant 25 min.

02. Lavez, essorez et coupez finement la salade rougette. Lorsque le filet mignon est cuit, laissez-le refroidir. Découpez-le en tranches fines. Mélangez la salade avec les tranches de porc. Poivrez et ajoutez l'huile d'olive. Dressez le tout dans votre boîte-déjeuner et conservez au frais jusqu'au moment de déguster.

astuce / *Les amateurs de notes épicées rajouteront, en même temps que le paprika, une pincée de piment d'Espelette et une pincée de mélange quatre épices.*

+ nutrition / *Le filet mignon de porc est une viande maigre, contrairement à ce que l'on pense. Elle ne dépasse pas 7 g de matière grasse pour 100 g. Cette viande est riche en protéines et en fer. C'est aussi la viande la plus riche en vitamines B1. Ne vous en privez pas !* / ***à compléter par…*** *1 petit morceau de fromage + 1 quart d'ananas.*

Salade de lentilles et carottes à l'émincé de veau

/ lorsque vous préparez des lentilles, pensez à en cuire 150 grammes de plus pour cette recette qui sera réalisée en un tour de main /

1 personne
Préparation : 15 min
Cuisson : 10 min
Budget : €

2 branches de persil plat

1 grosse carotte

1 petit morceau de gingembre frais

1 escalope de veau

1 cuil. à soupe d'huile de colza

150 g de lentilles cuites

1 pincée de cumin en grains

1 cuillère à café d'huile d'olive

Poivre

01. Effeuillez, lavez et hachez le persil plat. Épluchez et râpez la carotte avec le gingembre. Coupez finement l'escalope de veau et saisissez les morceaux à la poêle avec l'huile de colza pendant 8 min environ à feu moyen.

02. Mélangez les lentilles, les carottes râpées, le gingembre et les morceaux de veau avec leur jus de cuisson. Ajoutez le cumin, le persil et l'huile d'olive. Poivrez, mélangez et dressez dans votre boîte-déjeuner. Conservez au frais jusqu'au moment de servir.

astuce / *On vous conseille de réaliser cette recette avec des lentilles vertes du Puy. Testez aussi avec des lentilles corail pour d'autres saveurs et d'autres couleurs.*

+ nutrition / *Les lentilles sont des légumes secs remarquables. Ils sont très riches en protéines, 20 g aux 100 g et très pauvre en graisses (seulement 1,7 g pour 100 g). Leur teneur en fibres est importante et leur pouvoir de rassasiement aussi. En associant l'escalope de veau aux lentilles, vous pourrez attendre tranquillement le dîner, même s'il est tardif. Et l'huile de colza vous apporte les oméga 3 utiles pour votre cœur.* / ***à compléter par…*** *1 belle portion de fraises ou de framboises.*

Salade de pamplemousse et crevettes au vinaigre de riz

/ crevettes et pamplemousse, un grand classique qui est ici revisité avec un trio de fines herbes. Frais et efficace /

1 personne
Préparation : 15 min
Cuisson : 15 min
Budget : € €

100 g de haricots verts frais (ou surgelés)

1 pamplemousse rose

8 crevettes roses cuites

4 branches de coriandre

4 feuilles de basilic

3 feuilles de menthe

1 cuil. à soupe d'huile de colza

1 cuil. à soupe de vinaigre de riz (en vente dans les épiceries asiatiques)

Poivre

01. Faites cuire les haricots verts dans une casserole d'eau bouillante pendant 10 à 15 min environ. Égouttez-les avant de les rafraîchir sous un filet d'eau froide. Épluchez le pamplemousse à vif, détachez les quartiers avec un couteau bien aiguisé en prenant soin de bien retirer les membranes blanches. Pressez le jus.

02. Décortiquez les crevettes. Lavez et hachez grossièrement coriandre, basilic et menthe. Mélangez tous les ingrédients dans votre boîte-déjeuner, poivrez et conservez au frais jusqu'au moment de déguster.

astuce */ Pour peler à vif le pamplemousse, coupez le haut et le bas puis ôtez la peau, à l'aide d'un couteau, en mordant sur la chair. Prélevez les quartiers (appelés suprêmes) entre les membranes blanches.*

+ nutrition */ Le pamplemousse a une réputation de fruits minceur car il est peu calorique, 60 calories pour un bon pamplemousse. Il est gorgé de vitamine C : un demi-pamplemousse fournit les trois quarts de l'apport quotidien de l'adulte et plus de la totalité de celui de l'enfant. /* ***à compléter par...*** *1 part de flan.*

Salade de pommes de terre et betteraves à la cancoillotte

/ une salade simplissime où pomme de terre, mâche et betterave sont rehaussées par une cuillère de cancoillotte. Une recette fondante /

01. Mettez la pomme de terre non épluchée à cuire dans une casserole d'eau bouillante pendant 20 min environ. Épluchez et coupez la betterave en petits morceaux. Lavez et essorez la mâche.

02. Lorsque la pomme de terre est cuite, épluchez-la et coupez-la en morceaux. Dans un saladier, mélangez la pomme de terre froide avec la betterave et la ciboulette ciselée. Poivrez et ajoutez l'huile de noix ainsi que la cancoillotte. Mélangez délicatement et dressez dans votre boîte-déjeuner. Déposez la mâche dans une autre partie de votre boîte-déjeuner sans l'assaisonner. Au moment de déguster, mélangez la salade de pomme de terre avec la mâche.

1 personne
Préparation : 10 min
Cuisson : 20 min
Budget : €

1 grosse pomme de terre

1 petite betterave cuite

30 g de mâche

4 brins de ciboulette

1 cuil. à soupe d'huile de noix

1 cuil. à soupe de cancoillotte

Poivre

astuce / *Quelques lamelles de fenouil cru viendront apporter une touche de croquant.*

+ nutrition / *La cancoillotte est un fromage très maigre mais salé. Ne rajoutez pas de sel à votre recette. Vous risquez d'avoir faim avec cette salade. Je vous conseille d'y ajouter un peu de jambon allégé en sel en morceaux ou de compléter cette salade avec un fromage blanc.* /
à compléter par... *1 fromage blanc à 20 % de matière grasse + 1 beau fruit.*

Tartine façon pizza

/ une version détournée de la pizza traditionnelle. Les saveurs sont là mais la pâte à pizza a été remplacée par du pain de campagne /

1 personne
Préparation : 5 min
Cuisson : 15 min
Budget : €

6 tomates cerises

½ tranche de jambon de blanc allégé en sel

1 tranche de pain de campagne

2 cuil. à café d'huile d'olive

5 billes de mozzarella

3 olives vertes dénoyautées

1 cuil. à café d'origan

Poivre

01. Préchauffez votre four à 180 °C (th. 6). Lavez et coupez les tomates cerises en deux. Hachez grossièrement le jambon. Déposez la tranche de pain coupée en deux dans un plat à gratin. Badigeonnez-la avec la moitié de l'huile. Répartissez les boules de mozzarella par-dessus ainsi que les olives et les tomates. Ajoutez le jambon et l'origan.

02. Poivrez et ajoutez le reste de l'huile d'olive. Faites cuire au four pendant 15 min. Lorsque les tartines sont cuites et dorées, sortez-les du four et déposez-les dans votre boîte-déjeuner. À déguster chaud ou froid.

astuce / *Vous pouvez remplacer le jambon blanc par des lamelles de filet de dinde. Dans ce cas, rajoutez-les au dernier moment, à la sortie du four.*

+ nutrition / *Cette tartine façon pizza vous apporte peu de protéines. Afin de ne pas avoir faim, ajoutez deux œufs durs.* / ***à compléter par...*** *1 yaourt + 1 fruit.*

Saumon froid, ketchup maison aux aromates

/ ce ketchup fait maison est vraiment épatant côté saveurs. Pensez juste à le préparer 3 jours à l'avance. Il a besoin de repos au réfrigérateur pour être au maximum de son goût /

1 personne
Préparation : 15 min
Cuisson : 1 h 50
Budget : € €

1 gros oignon nouveau (ou 2 petits)

4 grosses tomates bien mûres (environ 1 kg)

1 cuil. à soupe d'huile d'olive

2 cl de vinaigre de vin

2 pointes de couteau de piment d'Espelette

10 g de sucre roux

4 branches de coriandre

3 branches d'estragon

4 feuilles de basilic

5 olives vertes dénoyautées

1 pavé de saumon (200 g environ)

Poivre

01. Trois jours avant, préparez le ketchup « maison » : épluchez et hachez l'oignon. Épépinez et hachez les tomates grossièrement. Chauffez l'huile d'olive dans une poêle. Saisissez les tomates concassées dans l'huile et laissez cuire à feu doux pendant 25 min environ pour les dessécher. Puis passez le tout au moulin à légumes. Reversez dans la casserole avant d'ajouter le vinaigre et le piment en poudre. Laissez cuire 1 heure à feu très doux, afin d'obtenir un coulis sirupeux. Mixez avec un robot à potage, ajoutez le sucre et remettez à cuire 20 min à feu très doux, en remuant. Laissez reposer 3 jours au réfrigérateur avant de déguster.

02. Le jour même, lavez et hachez les herbes. Hachez les olives vertes. Mélangez tous ces ingrédients avec le ketchup. Poivrez. Faites cuire le saumon 5 min à la vapeur ou dans une casserole d'eau bouillante salée. Dressez le poisson froid dans votre boîte-déjeuner. Dégustez-le accompagné d'un peu de ketchup aux aromates.

astuce / *À vous de créer votre propre version de ketchup « maison » en rajoutant, au choix, un peu de mélange 4 épices, ou une pointe de ras el hanout. Ce mélange d'épices marocaines est en vente dans les épiceries fines ou certains supermarchés.*

+ nutrition / *Profitez de ce ketchup très peu sucré et vraiment raisonnable en graisses. Idéalement, ne le salez pas car le saumon que vous allez consommer est naturellement salé.* / ***à compléter par...*** *1 belle salade + 1 sorbet aux fruits de votre choix.*

YELLOW STUDIO UGM

Salade de litchis et cerises aux zestes de combava et sésame

/ cette salade aux notes exotiques est un vrai délice. Les zestes de combava apportent une touche acidulée qui booste les saveurs /

Recette sucrée
1 personne
Préparation : 10 min
Pas de cuisson
Budget : € €

1 combava (en vente dans les épiceries asiatiques)

10 cerises

5 litchis frais

1 cuil. à soupe de lait de coco

1 cuil. à café de sucre de canne en sirop

1 cuil. à café de graines de sésame

01. La veille, placez le combava au congélateur (facultatif).

02. Le jour même, dénoyautez les cerises. Râpez les zestes du combava, sans mordre sur la peau blanche. Épluchez les litchis et coupez-les en 2. Placez les fruits avec le lait de coco dans la boîte-déjeuner, ajoutez les zestes et le sucre de canne. Mélangez délicatement, saupoudrez de graines de sésame et conservez au frais jusqu'au moment de déguster.

astuce / *Le combava est un agrume de couleur vert foncé à la peau granuleuse. Son zeste apporte une saveur puissante, proche du citron. Si vous n'en trouvez pas, remplacez-le par un citron vert ou jaune.*

+ nutrition / *Le lait de coco est aussi gras que la crème fraîche, donc une cuillère à soupe, c'est raisonnable mais n'en mettez pas plus. Quant aux cerises et aux litchis, ils contiennent de la vitamine C et des antioxydants.* /

à compléter par... *1 bol de fromage blanc + des cubes de fruits. Ce mélange devient alors un plat principal. Si cette salade de litchis est un dessert, accompagnez-la d'un morceau de poulet rôti + 1 macédoine de légumes froides assaisonnée de 2 cuil. à soupe de fromage blanc à 20 % de MG.*

Fraises et framboises au basilic

/ les salades de fraises et framboises sont un grand classique des périodes estivales. Ici, on leur ajoute une pointe de basilic ciselé pour les rendre encore plus attirantes /

Recette sucrée
1 personne
Préparation : 5 min
Pas de cuisson
Budget : € €

100 g de fraises mara des bois

2 feuilles de basilic

80 g de framboises

1 cuil. à soupe de sucre roux en poudre

1 citron vert

01. Équeutez, lavez et séchez les fraises. Lavez et hachez le basilic.

02. Au dernier moment, juste avant de partir travailler, mélangez délicatement les fraises et les framboises avec le basilic et le sucre dans votre boîte-déjeuner. Ajoutez le jus de citron vert. Conservez au frais jusqu'au moment de déguster.

astuce / *Une recette à tester en remplaçant le basilic par quelques copeaux de noix de coco.*

+ nutrition / *Voilà un dessert particulièrement maigre qui convient parfaitement aux personnes souffrant de problèmes cardio-vasculaires. De plus, fraises et framboises sont peu caloriques.* / ***à compléter par...*** *1 beau morceau de cabillaud + des légumes + des féculents pour tenir jusqu'au dîner (3 cuil. à soupe de boulgour et 3 cuil. à soupe de haricots verts, par exemple).*

Brick d'abricot et pomme roulée

/ le délice des fruits allié au croustillant des feuilles de brick, une recette coup de cœur à consommer avec modération /

Recette sucrée
1 personne
Préparation : 10 min
Cuisson : 17 min

- 1 petite pomme
- 3 abricots
- 1 filet d'huile d'olive (ou 20 g de margarine riche en oméga 3)
- 2 grandes feuilles de brick
- 1 cuil. à soupe de sucre roux en poudre

01. Épluchez, videz et coupez la pomme en cubes. Ouvrez et retirez le noyau des abricots. Chauffez l'huile dans une petite poêle, saisissez les cubes de pomme dans l'huile chaude et faites-les colorer quelques minutes. Ajoutez les abricots, mélangez et stoppez le feu. Laissez refroidir.

02. Étalez les feuilles de brick, posez les pommes et les abricots au centre. Puis saupoudrez de sucre. Roulez les feuilles de brick en serrant bien, rabattez les bords en dessous et déposez le roulé dans un plat recouvert d'une feuille de papier sulfurisé. Enfournez dans un four préchauffé à 180 °C (th. 6) pendant 12 à 15 min. Lorsque le roulé est bien doré, laissez-le refroidir avant de le dresser dans votre boîte-déjeuner.

astuce / *Quand les abricots sont bien mûrs et sucrés, vous pouvez supprimer le sucre roux.*

+ nutrition / *Voilà une façon originale de manger des fruits. Cette recette est à déguster de temps en temps afin de ne pas consommer trop de matières grasses.* / ***à compléter par…*** *1 morceau de volaille, sans la peau + des légumes + un peu de sauce (par exemple, une sauce tomate maison avec peu d'huile et du concentré de tomate ou la sauce ketchup maison aux aromates de la recette « Saumon froid, ketchup maison aux aromates », page 81)*

Boules allégées de chocolat et orange à faire fondre dans le café de la machine

/ pensez à préparer ces petites bouchées irrésistibles pour vos collègues. À l'heure de la pause-café, vous ferez l'unanimité… /

Recette sucrée
2 ou 3 personnes
Préparation : 15 min
Cuisson : 5 min
Repos : 1 nuit
Budget : €

100 g de chocolat noir à 70 %

2 orangettes

10 g margarine riche en oméga 3

5 cl de crème liquide allégée

Sucre en poudre

01. La veille, concassez le chocolat avec un grand couteau. Hachez les orangettes. Versez le chocolat concassé et la margarine dans un saladier, ajoutez les orangettes hachées et mélanger.

02. Dans une casserole, chauffez la crème et versez-la progressivement sur le chocolat en fouettant. Déposez la préparation dans un bol et laissez prendre 1 nuit au réfrigérateur.

03. Le jour même, moulez, entre vos mains, de petites boules de la taille d'une cerise. Puis saupoudrez-les légèrement de sucre en poudre et rangez-les dans votre boîte déjeuner. Conservez au frais. Dégustez les boules en les plongeant une par une un quart de seconde dans le café (ou le thé) de la machine avec une cuillère. Vous pouvez aussi les y laisser fondre complètement.

astuce */ Pensez à remplacer les orangettes par du gingembre confit. Une version tout aussi délicieuse.*

+ nutrition */ Sachez que les antioxydants du chocolat noir sont bénéfiques pour votre cœur. Mais cette recette reste un dessert un peu gras, un dessert plaisir à ne pas consommer tous les jours. /* ***à compléter par…*** *1 viande maigre grillée + des féculents (mais sans sauce).*

Chouquettes farcies de fruits rouges

/ comment détourner les traditionnelles profiteroles ? En les revisitant avec chouquettes et fruits rouges. Une réussite ! /

Recette sucrée
1 personne
Préparation : 10 min
Pas de cuisson
Budget : € €

2 feuilles de menthe
1 carré de chocolat noir
12 framboises
20 myrtilles
8 fraises
1 cuillère à café de confiture de fraise
4 chouquettes achetées en boulangerie

01. Lavez et hachez la menthe fraîche. Hachez grossièrement le chocolat avec un couteau. Réunissez les fruits rincés dans un saladier. Puis ajoutez la confiture de fraise, la menthe hachée et le chocolat. Mélangez délicatement.

02. Ouvrez les chouquettes en deux et garnissez-les du mélange aux fruits. Placez les chouquettes dans votre boîte-déjeuner en les serrant bien entre elles pour éviter qu'elles ne se renversent. Conservez au frais jusqu'au moment de déguster.

astuce / *Pour une version moins coûteuse, remplacez les fruits rouges par des cubes de poire.*

+ nutrition / *Myrtilles, framboises et fraises sont des fruits très peu caloriques et riches en antioxydants favorables à notre système cardio-vasculaire. Les myrtilles possèdent, en plus, beaucoup de vitamine A, précieuse pour notre vision nocturne et pour la peau.* / ***à compléter par…*** *Ce dessert étant assez copieux, misez sur 1 salade composée avec du jambon ou du poulet. De quoi tenir facilement jusqu'au dîner.*

Muffins d'abricot et framboise light

/ pensez à réaliser cette recette inratable pour les «fêtes» du bureau : pots de départ, petits-déjeuners d'équipe ou fête de fin d'année… Il suffit de multiplier les ingrédients. Vous ferez des heureux /

Recette sucrée
2 personnes
Préparation : 10 min
Cuisson : 15 min
Budget : €

1 œuf
60 g de miel
125 g de farine
½ sachet de levure
5 cl de lait
2 abricots frais
8 framboises

01. Préchauffez votre four à 200 °C (th. 6-7). Séparez le blanc de l'œuf du jaune. Fouettez le jaune avec le miel. Puis ajoutez la farine, mélangez et versez la levure. Mélangez de nouveau en versant le lait. Ajoutez les abricots lavés, dénoyautés et coupés en morceaux. Mélangez. Montez le blanc en neige et ajoutez-le délicatement au premier mélange.

02. Versez la pâte dans deux moules à muffins, plongez les framboises rincées au cœur de la pâte. Cuire à 180 °C (th. 6) pendant 15 min. Laissez refroidir. Disposez-les dans votre boîte-déjeuner.

astuce / *Quand ce n'est plus la saison des abricots et des framboises, remplacez-les par des cubes de poire.*

+ nutrition / *Voilà une collation qui vous permettra de tenir jusqu'au repas suivant. Des protéines avec de l'œuf, des glucides avec de la farine et du miel et des fruits pour avoir un peu de vitamines.* / ***à compléter par…*** *Surtout n'ajoutez rien dans l'après-midi. Cette gourmandise est amplement suffisante pour satisfaire les appétits les plus robustes. Et si ce muffin est votre dessert au déjeuner, accompagnez-le d'1 poisson blanc (ou 1 escalope de poulet) + des légumes.*

Compotée de pomme et pruneaux aux épices

/ choisissez des pommes bien juteuses et sucrées pour cette recette… /

Recette sucrée
1 personne
Préparation : 10 min
Cuisson : 10 min
Budget : €

1 pomme
3 pruneaux dénoyautés
20 g de beurre
¼ de cuil. à café de cannelle
1 cuil. à café de sucre roux en poudre
2 spéculoos

01. Épluchez et coupez la pomme en cubes. Taillez chaque pruneau en 3 morceaux.

02. Dans une poêle, faites fondre le beurre, ajoutez la cannelle, le sucre et les morceaux de pomme dans le beurre chaud. Laissez colorer 3 min. Puis baissez le feu et ajoutez les morceaux de pruneaux. Laissez compoter à feu très doux 3 min de plus.

03. Dressez la compote dans votre boîte-déjeuner et conservez au frais. Au moment de déguster, émiettez les spéculoos par-dessus.

astuce */ Doublez ou triplez les quantités de cette délicieuse compote. Vous en aurez pour 2 ou 3 jours de suite.*

+ nutrition */ Les pruneaux sont intéressants pour leur teneur en fibres. Cette recette a l'avantage de rendre agréable la consommation de ce fruit à pouvoir laxatif. /* ***à compléter par…*** *1 omelette-salade, un plat idéal avec ce dessert un peu sucré.*

Yellow Studio
Delicatessen

Salade de mangue et orange au miel de lavande

/ le miel de lavande, voilà la petite touche en plus qui apporte du pop à ce duo mangue et orange /

01. Épluchez l'orange à vif et détachez les segments avec un couteau bien aiguisé en prenant soin de retirer les membranes blanches.

02. Pressez le jus et réservez. Épluchez et découpez la mangue en cubes. Colorez les amandes avec l'huile d'olive dans une poêle et réservez-les. Concassez les pistaches. Mélangez les cubes de mangue et les segments d'orange dans un saladier. Faites caraméliser le miel dans la poêle, versez le jus d'orange, laissez réduire légèrement et versez sur les fruits, ajoutez les pistaches, mélangez et dressez dans votre boîte-déjeuner, saupoudrez d'amandes. Conservez au frais jusqu'au moment de déguster.

Recette sucrée
1 personne
Préparation : 15 min
Cuisson : 5 min
Budget : € €

1 orange
1 mangue
1 cuil. à soupe d'amandes effilées
1 cuil. à soupe d'huile d'olive
10 pistaches mondées
1 cuil. à soupe de miel de lavande

astuce / *Pour éplucher une orange à vif, il faut ôter sa peau à l'aide d'un couteau, en mordant sur la chair. Puis récupérez les segments (les quartiers) à l'intérieur des membranes blanches.*

+ nutrition / *La mangue est un fruit riche en carotène (le précurseur de la vitamine A), vitamine C, vitamine E et fibres bien tolérées par les intestins. Elle a aussi la particularité d'être riche en fer. Un vrai bienfait nutritionnel ! Quant aux pistaches n'en abusez pas, elles sont très caloriques même sil elles contiennent de bons acides gras. /*
à compléter par... *1 boudin noir + 2 pommes de terre moyennes en purée pour compléter l'apport en fer.*

Clafoutis de fraises et pamplemousse

/voici une version inédite du clafoutis. L'association fraises sucrées et pamplemousse acidulé fonctionne à merveille /

Recette sucrée
1 personne
Préparation : 15 min
Cuisson : 25 min
Budget : €

1 pamplemousse rose
5 fraises
1 œuf
20 g de sucre en poudre
20 g de margarine riche en oméga 3
20 g de lait ½ écrémé

01. Épluchez le pamplemousse à vif puis détachez les segments délicatement avec un couteau bien aiguisé en prenant soin de bien retirer les membranes blanches. Équeutez et lavez les fraises.

02. Dans un saladier, fouettez l'œuf avec le sucre. Puis ajoutez la margarine fondue et le lait avant de fouetter de nouveau. Placez les quartiers de pamplemousse au fond d'une boîte-déjeuner en verre. Recouvrez-les de la pâte à clafoutis avant de planter les fraises dedans. Cuire dans un four préchauffé à 170 °C (th. 5-6) pendant 25 min. Laissez refroidir.

astuce / *Pour une version super gourmande, vous pouvez rajouter quelques éclats de chocolat blanc dans votre clafoutis. Un peu plus calorique certes, mais de temps en temps, faites-vous plaisir.*

+ nutrition / *Le pamplemousse a une réputation de fruit minceur qu'il mérite puisqu'il ne dépasse pas 60 calories pour un fruit d'une belle taille. Sans compter qu'il est très riche en vitamine C. La margarine vous apportera les oméga 3 favorables à votre cœur.* / **à compléter par...** *1 parmentier de poisson pour apporter protéines et bons acides gras (au choix, 1 poisson gras, riche en oméga 3, bon pour le cardiaque ou 1 poisson maigre pour ceux qui sont en surpoids).*

Soupe glacée de cerises au vin rouge

/ un dessert tout en fraîcheur pour les beaux jours /

Recette sucrée
1 personne
Préparation : 10 min
Cuisson : 5 min
Repos : 1 nuit
Budget : € €

1 verre de vin rouge
1 bâton de cannelle
1 anis étoilé
2 morceaux de sucre
1 branche de menthe fraîche
20 cerises

01. La veille, mettez le vin, la cannelle, l'anis étoilé, le sucre dans une casserole. Portez le vin à ébullition et laissez cuire le sirop 5 min à feu doux. Stoppez le feu et ajoutez la menthe. Laissez infuser et refroidir au réfrigérateur toute la nuit.

02. Le lendemain, dénoyautez les cerises, filtrez le sirop, mélangez-le avec les cerises et versez le tout dans une boîte-déjeuner bien hermétique. Conservez au frais jusqu'au moment de déguster.

astuce / *L'anis étoilé est le fruit d'un arbuste appelé badiane. Il se présente sous la forme d'une étoile à 8 branches et apporte des notes anisées, légèrement poivrées. On le trouve dans les épiceries fines ou dans certains supermarchés.*

+ nutrition / *C'est un dessert assez sucré car les cerises sont riches en glucides. Mais sachez que ces dernières apportent des antioxydants bénéfiques pour notre organisme.* / ***à compléter par...*** *1 viande rouge maigre + des légumes verts ou blancs + 1 filet d'huile de colza pour un apport en oméga 3.*

Soupe de pêche aux fruits rouges

/ une recette simplissime qui est franchement joyeuse. À vous de jouer /

Recette sucrée
1 personne
Préparation : 10 min
Pas de cuisson
Budget : € €

1 grosse pêche blanche ou jaune (ou 2 petites)

1 sachet d'infusion à la verveine

8 cerises

4 fraises

5 framboises

Quelques myrtilles

01. Épluchez et coupez la pêche en morceaux. Infusez la verveine dans un peu d'eau chaude. Mixez la chair de pêche avec l'infusion à la verveine pour obtenir un coulis. Laissez refroidir. Dénoyautez les cerises, coupez-les en deux et mélangez-les dans le coulis avec les fraises lavées, équeutées et en morceaux, les framboises et les myrtilles.

02. Versez la soupe dans une boîte-déjeuner bien hermétique. Dégustez bien frais.

astuce / *Vous pouvez évidemment remplacer le sachet d'infusion par des feuilles de verveine fraîches ou séchées.*

+ nutrition / *Voilà un dessert qui vous apportera un maximum de fruits, sans beaucoup de calories. Le mélange des couleurs des fruits vous apporte une variété d'antioxydants nécessaires au bon fonctionnement de votre organisme et de votre cœur.* / ***à compléter par...*** *2 filets de hareng + des pommes de terre pour vous apporter le plein d'acides gras et d'oméga 3, favorables à votre cœur.*

Fromage blanc fouetté aux spéculoos et myrtilles

/ le petit côté croustillant des spéculoos dans ce nuage de fromage blanc, voilà un bon réconfort pour vos longues journées au bureau /

Recette sucrée
1 personne
Préparation : 5 min
Pas de cuisson
Budget : €

30 g de sucre en poudre

1 jaune d'œuf

100 g de fromage blanc à 0 % de matière grasse

50 g de myrtilles

2 spéculoos

01. Fouettez le sucre et le jaune d'œuf jusqu'à ce que le mélange blanchisse. Fouettez le fromage blanc avant d'y ajouter délicatement le premier mélange. Dressez le fromage blanc fouetté dans votre boîte-déjeuner. Ajoutez les myrtilles rincées sur le dessus.

02. Conservez au frais jusqu'au moment de déguster. Au dernier moment, émiettez les spéculoos par-dessus.

astuce / *Cette recette se décline à l'infini en variant les fruits (groseilles, framboises, quartiers de mandarine, cubes de poire, rondelles de banane…). Pour déguster ce dessert en plat principal, comptez 250 g de fromage blanc et 100 g de myrtilles. Mais n'augmentez pas le nombre de spéculoos…*

+ nutrition / *Jaune d'œuf et fromage blanc font un heureux mariage. Ce mélange apporte des protéines et de bons acides gras. En ajoutant des myrtilles, on complète ce plat avec de la vitamine A, de la vitamine C et même des minéraux. /*
à compléter par… *1 bonne portion de crudités + 1 filet d'huile d'olive + 1 cuil. à soupe de fines herbes ciselées (basilic ou estragon).*

Cubes de gâteau au chocolat light

/ ce gâteau est tellement addictif… N'hésitez pas à doubler les quantités pour que vos collègues en profitent /

Recette sucrée
3 personnes
Préparation : 10 min
Cuisson : 25 min

100 g de chocolat noir à 70 %

2 œufs

50 g de margarine riche en oméga 3

30 g de sucre en poudre

25 g de farine

1 noisette de beurre pour le moule

01. Préchauffez votre four à 190 °C (th. 6-7). Concassez le chocolat avec un couteau et faites-le fondre au bain-marie dans un cul-de-poule en inox. Séparez les jaunes d'œufs des blancs. Montez les blancs en neige.

02. Dans un saladier, fouettez la margarine et le sucre. Ajoutez le chocolat fondu en remuant délicatement. Puis incorporez les jaunes un par un ainsi que la farine et enfin les blancs en neige.

03. Remplissez un petit moule beurré avec la pâte et faites cuire le gâteau pendant 25 min environ. Lorsqu'il est cuit, laissez-le refroidir avant de le découper en gros cubes. Dressez-les dans votre boîte-déjeuner.

astuce / *Pour les amateurs de raisins secs, rajoutez-en une poignée dans la pâte que vous aurez laissé gonfler dans un bol d'eau tiède quelques minutes.*

+ nutrition / *Le chocolat noir est réputé pour apporter de nombreux antioxydants bénéfiques pour le système cardio-vasculaire. Comme c'est un aliment gras, consommez-le uniquement de temps en temps. C'est une recette plaisir !* / **à compléter par…** *1 poisson blanc + des légumes verts + des féculents + 1 filet d'huile de noix, riche en oméga 3.*

Vous allez craquer pour cette sélection de 30 recettes à dévorer chaudes. Elles vous prouvent toutes qu'il est facile de limiter le sel et le gras, sans pour autant bouder le goût. Blanc de poulet parfumé à la citronnelle, poêlée de bœuf aux champignons sauvages, tomates farcies au poisson, parmentier de saumon, il ne vous reste plus qu'à écouter vos envies... Pour des pauses déjeuner réconfortantes et rassasiantes, qui vous protégeront, l'air de rien, contre les facteurs de risques cardio-vasculaires.

Bon à savoir : il est recommandé d'utiliser un récipient en verre, à garder au bureau, pour réchauffer l'ensemble de ces recettes.

Pour prendre soin de son cœur

Bien déjeuner dans ma "boîte"

chaud

30 recettes

Budget
€ : très bon marché
€ € : bon marché
€ € € : jour de fête

salé

chaud

Crème de petits pois au basilic et jambon blanc

/ on vous propose cette recette version chaude, mais pensez à la déguster froide quand les beaux jours arrivent /

1 personne
Préparation : 10 min
Cuisson : 22 min
Budget : €

- 1 cuil. à soupe d'huile de tournesol
- 180 g de petits pois frais
- 100 g de fromage blanc à 20 % de matière grasse
- 5 feuilles de basilic thaï
- 1 tranche de jambon blanc allégé en sel
- Poivre

01. Chauffez l'huile dans une petite casserole. Ajoutez les petits pois crus, laissez cuire 2 min, en remuant. Mouillez avec un verre d'eau, baissez le feu et laissez mijoter 20 min à feu doux. Stoppez le feu, ajoutez le fromage blanc et les feuilles de basilic rincées. Poivrez, puis mixez avec un robot à potage afin d'obtenir une crème lisse et onctueuse.

02. Après avoir ôté le gras, hachez le jambon. Dressez la crème de petits pois dans une boîte-déjeuner bien hermétique, en verre ou en plastique micro-ondable. Conservez au frais et réchauffez au micro-ondes avant de déguster. Parsemez de jambon haché au dernier moment.

astuce / On trouve le basilic thaï dans les épiceries asiatiques. Visuellement ses feuilles sont un peu plus allongées et côté goût, il est plus parfumé.

+ *nutrition* / Voici une recette d'une simplicité nutritionnelle évidente. Les petits pois vous apportent des légumes et des féculents, le tout réuni dans une seule plante ; le fromage blanc et le jambon sont sources de protéines et calcium. Une recette minceur qui plaira à tous ! / ***à compléter par...*** 1 tarte aux fruits.

Pâtes aux coquilles Saint-Jacques et à l'artichaut

/ ce qu'on aime dans cette recette ?
La délicieuse sauce artichaut et roquette /

01. Mettez le fond d'artichaut dans une casserole, mouillez avec de l'eau pour que le niveau de celle-ci dépasse de 1 cm par rapport au fond d'artichaut. Faites cuire 20 min à feu doux.

02. Pendant ce temps, lavez et essorez la roquette. Faites cuire les pâtes *al dente* dans une casserole d'eau bouillante. Égouttez et réservez-les.

03. Lorsque le fond d'artichaut est bien cuit, ajoutez la crème allégée, la roquette et mixez avec un robot à potage. Ajoutez une petite pincée de sel et poivrez. Coupez les noix de Saint-Jacques en tranches. Saisissez-les 1 min dans une poêle avec l'huile et réservez-les sur une assiette. Mélangez les pâtes avec la crème d'artichaut. Dressez le tout dans une boîte-déjeuner en verre ou en plastique micro-ondable. Déposez les lamelles de Saint-Jacques sur le dessus. Conservez au frais et réchauffez au micro-ondes avant de déguster.

1 personne
Préparation : 10 min
Cuisson : 20 min
Budget : € € €

1 fond d'artichaut surgelé

1 poignée de roquette

70 g de penne

1 cuil. à soupe de crème allégée

3 noix de Saint-Jacques sans corail

1 cuil. à café d'huile de colza

Sel, poivre

astuce / *Pour une version moins coûteuse, remplacez les noix de Saint-Jacques par 2 petits filets de rouget poêlés dans un filet d'huile de colza.*

+ nutrition / Les noix de Saint-Jacques sont maigres et riches en protéines. Le fond d'artichaut est intéressant car il est une bonne source de fibres et de minéraux. Mais attention ces fibres peuvent être mal tolérées par les intestins car elles sont dures. Même attendries par la cuisson, elles résistent encore aux sucs digestifs. / ***à compléter par…*** 1 fromage blanc + 1 poignée de myrtilles.

Fricassée de poulet et fèves au citron confit

/ une recette savoureuse et peu calorique, c'est exactement ce dont on a besoin pour une pause déjeuner au bureau quand on veut avoir un cœur en pleine santé /

1 personne
Préparation : 10 min
Cuisson : 10 min
Budget : €

01. Coupez le poulet en petits morceaux. Récupérez la peau du citron confit et hachez-la. Coupez le demi-poivron en morceaux. Chauffez l'huile d'olive dans une poêle, saisissez les morceaux de poulet et de poivron dans l'huile fumante.

02. Laissez cuire 3 ou 4 min en remuant puis à feu doux, ajoutez les herbes de Provence, le citron haché et les fèves surgelées. Faites cuire 5 min de plus. Poivrez et stoppez le feu. Dressez la fricassée de poulet dans une boîte-déjeuner en verre ou en plastique micro-ondable. Conservez au frais et réchauffez au micro-ondes avant de déguster.

1 blanc de poulet
1 petit citron confit
½ poivron rouge
½ cuil. à café d'herbes de Provence
80 g de fèves surgelées (ou petits pois)
1 cuil. à soupe d'huile d'olive
Poivre

astuce / *Pensez à rajouter 2 petites pincées de cumin en poudre dans la poêle. Avec le citron confit, c'est délicieux.*

+ nutrition / *Cette recette est particulièrement peu calorique et convient à tous ceux qui font attention à leur ligne. Le citron est l'aliment de consommation courante le plus riche en vitamine C. Le jus d'un seul citron couvre à lui seul la moitié des besoins quotidiens. Il est bien pourvu aussi en sels minéraux et tout spécialement en calcium et en potassium.* / ***à compléter par…*** Laissez-vous aller pour 1 mousse chocolat !

Fricassée de dinde au vinaigre balsamique

/ la dinde est souvent boudée au profit du poulet. Quel dommage quand on connaît cette recette… /

1 personne
Préparation : 10 min
Cuisson : 10 min
Budget : €

150 g de blanc de dinde

1 gousse d'ail

1 branche d'estragon

4 feuilles de basilic

7 tomates cerises

1 cuil. à soupe d'huile d'olive

2 cuil. à soupe de petits pois

1 cuil. à soupe de vinaigre balsamique

Poivre

01. Coupez le blanc de dinde en cubes. Épluchez et hachez l'ail. Lavez et effeuillez l'estragon et le basilic. Équeutez et lavez les tomates. Chauffez l'huile d'olive dans une poêle. Saisissez les cubes de dinde dans l'huile d'olive fumante. Laissez-les cuire 3 à 5 min en les tournant de temps en temps. Ajoutez l'ail, les tomates cerises et les petits pois.

02. Baissez le feu et laissez cuire 3 min de plus puis ajoutez le vinaigre. Laissez réduire légèrement et stoppez le feu. Poivrez et ajoutez les herbes avant de mélanger. Dressez le tout dans une boîte-déjeuner en verre ou en plastique micro-ondable. Conservez au frais et réchauffez au micro-ondes avant de déguster.

astuce / Pour une autre version, remplacez la dinde par des lamelles de canard (après avoir ôté le gras).

+ nutrition / Riche en protéines, pauvre en matières grasses, source de vitamines du groupe B et de fer (2,5 mg pour 100 g), la dinde est une viande à retenir. Il s'agit donc d'une recette qui vous permettra de protéger votre cœur tout en vous faisant plaisir.
/ ***à compléter par…*** 1 crumble aux pommes

Escargots aux herbes sans beurre

/ on imagine toujours les escargots accompagnés d'ail, de beurre et de persil. Cette recette prouve qu'ils peuvent être bons autrement… /

1 personne
Préparation : 10 min
Cuisson : 8 min
Budget : €

2 gousses d'ail
1 branche de persil
2 branches d'estragon
5 feuilles de basilic
1 tomate
1 cuil. à soupe d'huile d'olive
12 escargots (cuits en boîte)
12 coquilles vides (facultatif)
1 cuil. à soupe de chapelure
Poivre

01. Épluchez et hachez l'ail. Effeuillez, lavez et hachez les herbes. Videz la tomate et hachez sa chair. Chauffez l'huile dans une poêle. Saisissez les escargots égouttés dans l'huile chaude pendant 2 min environ. Ajoutez la chair de tomate et l'ail. Laissez cuire à feu vif 5 min en remuant. Stoppez le feu et laissez tiédir. Ajoutez les herbes et la chapelure, poivrez et mélangez.

02. Répartissez la préparation dans les coquilles vides. Dressez le tout dans une boîte-déjeuner en verre ou en plastique micro-ondable. Conservez au frais et réchauffez au micro-ondes avant de déguster.

astuce / Vous pouvez rajouter une pincée de piment d'Espelette dans la poêlée d'escargots. Sachez que les coquilles vides d'escargots sont en vente dans les supermarchés.

+ nutrition / L'escargot est à la fois très maigre et riche en protéines. Mais il est souvent servi avec le fameux beurre d'escargots qui le rend très gras. Les graisses contenues dans les escargots sont des oméga 3, de bons acides gras. La recette qui vous est proposée est peu calorique. Pourquoi vous en priver ? / ***à compléter par…*** 1 salade de mâche avec 1 filet d'huile de noix + 1 fruit.

Waterzoi à la dinde

/voici une version express et succulente de cette spécialité du Nord à découvrir de toute urgence /

01. Coupez finement le demi-poireau, le céleri et les oignons. Lavez, épluchez et taillez la carotte en julienne (c'est-à-dire en petits bâtonnets). Chauffez l'huile de colza dans une poêle et saisissez tous ces légumes dans l'huile pas trop chaude. Laissez suer 5 ou 6 min, en remuant.

02. Ajoutez la dinde coupée en morceaux, mélangez puis versez la crème et laissez cuire 10 min à feu vif. Lavez et hachez les feuilles de persil plat. Stoppez le feu, laissez refroidir et ajoutez le persil haché. Poivrez. Dressez le plat dans une boîte-déjeuner en verre ou en plastique micro-ondable. Conservez au frais et réchauffez au micro-ondes avant de déguster.

1 personne
Préparation : 15 min
Cuisson : 17 min
Budget : €

½ poireau
1 tige de céleri
2 oignons nouveaux
1 carotte
1 cuil. à soupe d'huile de colza
170 g de filet de dinde
4 cuil. à soupe de crème liquide allégée
2 branches de persil plat
Poivre

astuce / Pour encore plus de saveurs, rajoutez 2 cuil. à soupe d'estragon haché en même temps que le persil plat.

+ nutrition / Le filet de dinde étant très riche en protéines, il vous apporte un très bon rassasiement et vous permet d'attendre sans problème le dîner, même si son horaire est tardif. Il faudra ajouter à cette recette des légumes en supplément pour que le volume du plat vous paraisse suffisant. Quant aux acides gras de l'huile de colza, ils sont bons pour votre cœur.
/ ***à compléter par...*** 1 portion de légumes à la vapeur + 1 morceau de fromage + 1 morceau de pain (baguette ou pain tradition).

Couscous de boulgour aux boulettes de bœuf épicées

/ le boulgour est une céréale bien rassasiante qui vous permettra d'être efficace toute l'après-midi au bureau. À vous de jouer ! /

1 personne
Préparation : 10 min
Cuisson : 15 min
Budget : €

80 g de boulgour
10 feuilles de basilic
180 g de bœuf haché
1 cuil. à café de curry
1 cuil. à soupe d'huile d'olive
1 cuil. à café de raisins secs
Quelques graines de cumin
Poivre

01. Mettez le boulgour à cuire dans une casserole d'eau bouillante comme indiqué sur le paquet. Préchauffez votre four à 180 °C (th. 6). Lavez et hachez grossièrement le basilic. Mélangez le bœuf haché avec le cumin, le curry et le basilic. Disposez les boulettes dans un plat, arrosez-les légèrement d'huile. Poivrez et faites cuire au four pendant 6 à 8 min environ (les boulettes ne doivent pas être trop cuites).

02. Lorsque le boulgour est prêt, mélangez-le avec les raisins secs et dressez-le dans une boîte-déjeuner en verre ou en plastique micro-ondable. Ajoutez les boulettes de bœuf avec leur jus de cuisson. Conservez au frais et réchauffez au micro-ondes avant de déguster.

astuce / Pour que les raisins secs soient bien moelleux, faites-les tremper 10 min dans un bol d'eau tiède.

+ nutrition / Le boulgour a les mêmes valeurs alimentaires que les pâtes ou la semoule qui proviennent du blé dur. Ce sont des produits riches en fer, phosphore et magnésium. Ils sont composés de glucides complexes et doivent représenter plus de 50 % de notre apport calorique quotidien. /
à compléter par... 1 salade verte + 1 yaourt + 1 mix de fruits rouges.

Émincé de boeuf aux grains de raisin et basilic

/ les notes à la fois acidulées et sucrées du raisin donnent du pep's à cette recette. On adore /

1 personne
Préparation : 10 min
Cuisson : 5 min
Budget : €

1 steak maigre (découpé dans la poire, la tranche ou le rumsteck)

50 g de semoule moyenne

1 gousse d'ail

1 cuil. à soupe d'huile de colza

20 grains de raisin rouge

6 feuilles de basilic

Poivre

01. Coupez le bœuf en petites lamelles. Versez la semoule dans un bol, mouillez à 1 cm au-dessus avec de l'eau tiède et laissez gonfler. Épluchez et hachez l'ail. Chauffez l'huile dans une poêle et saisissez le bœuf dans l'huile chaude. Ajoutez l'ail et les grains de raisin rincés.

02. Laissez cuire 4 ou 5 min, en remuant de temps en temps. Poivrez. Ajoutez, dans la poêle, la semoule et les feuilles de basilic puis mélangez. Dressez le plat dans une boîte-déjeuner en verre ou en plastique micro-ondable. Conservez au frais et réchauffez au micro-ondes avant de déguster.

astuce / Une recette tout aussi bonne avec une escalope de veau.

+ nutrition / Un steak maigre équivaut environ à 110 calories pour 100 g. Il est très riche en protéines, (23 g pour 100 g) mais sa quantité de graisse ne dépasse pas 2,3 g pour 100 g. Ne vous privez pas de viande rouge, contrairement à la mode d'aujourd'hui, d'autant qu'elle contient 2,5 mg de fer, du zinc, du sélénium et des vitamines du groupe B. Consommé en quantité raisonnable, c'est un vrai bienfait pour votre santé. / ***à compléter par...*** 1 crème caramel.

Boeuf-carottes minute

/ comment remplacer le traditionnel bœuf-carottes par une recette express aux notes de cumin ? /

1 personne
Préparation : 10 min
Cuisson : 10 min
Budget : € €

2 carottes

2 branches de persil plat

1 citron confit

1 pavé de rumsteck (environ 180 g)

1 cuil. à soupe d'huile de pépins de raisin

1 cuil. à café de graines de cumin

Poivre

01. Épluchez et râpez les carottes. Lavez et hachez le persil. Coupez la peau du citron confit, sans mordre sur la peau blanche. Puis hachez-la à l'aide d'un petit couteau Coupez le bœuf en tranches. Chauffez l'huile dans une poêle. Saisissez le bœuf dans l'huile fumante, laissez colorer puis ajoutez les carottes râpées, le citron haché et les graines de cumin. Laissez cuire 2 min en remuant.

02. Ajoutez le persil et poivrez. Dressez le plat dans une boîte-déjeuner en verre ou en plastique micro-ondable. Conservez au frais et réchauffez au micro-ondes avant de déguster.

astuce / Pour renforcer la saveur du cumin, rajoutez 2 pincées de cumin en poudre dans les carottes.

+ nutrition / Le pavé de rumsteck est une viande goûteuse, qui contient une quantité de graisse tout à fait raisonnable (inférieure à 7 g pour 100 g). Les viandes de boucherie française sont maigres contrairement à celles que l'on peut rencontrer ailleurs, aux États-Unis ou en Amérique du Sud, par exemple. Alors profitez-en, sans dépasser 500 g par semaine en poids cuit. / ***à compléter par…*** 1 assiette de pâtes + 1 salade de fruits exotiques.

Fricassée de lotte à l'estragon

/ la lotte est un poisson qu'on n'a pas souvent l'habitude de cuisiner. Profitez de cette recette simplissime pour vous y mettre… /

1 personne
Préparation : 10 min
Cuisson : 10 min
Budget : € € €

180 g de chair de lotte en morceaux

2 branches d'estragon frais

1 cuil. à café de paprika en poudre

1 cuil. à café d'huile d'olive

1 cuil. à café d'huile de colza

10 cl de crème fraîche allégée

Poivre

01. Lavez et effeuillez l'estragon. Saupoudrez les morceaux de lotte avec le paprika. Poivrez. Chauffez l'huile dans une poêle. Puis saisissez les morceaux de lotte dans l'huile chaude et faites-les cuire 3 min de chaque côté.

02. Baissez le feu, ajoutez la crème allégée et l'estragon. Laissez cuire 4 à 5 min de plus en mélangeant. Dressez la fricassée de lotte dans une boîte-déjeuner en verre ou en plastique micro-ondable. Conservez au frais et réchauffez au micro-ondes avant de déguster

astuce / Si vous n'avez pas de crème allégée, remplacez-la par 2 cuil. à soupe de fromage blanc 0% de MG. Dans ce cas-là, réchauffez la sauce 1 minute, sans la faire bouillir, avant de dresser le tout dans votre boîte-déjeuner.

+ nutrition / *La lotte (ou baudroie) et un bon fournisseur de protéines, 18 g pour 100 g. Comme tous les poissons maigres, la lotte est un aliment de choix pour la personne ayant un risque cardio-vasculaire, pour le diabétique et pour la personne en surpoids. L'ensemble de la recette est particulièrement pauvre en graisses. Quant à l'huile de colza, elle vous apportera des oméga 3, qui sont de bons acides gras pour la personne ayant des problèmes cardio-vasculaires.* / **à compléter par…** 150 g à 200 g de pommes de terre à la vapeur.

Roulé de dinde à l'ail et au persil

/ une fois que vous avez adopté le tour de main des roulés de viande, laissez-vous aller à vos envies et déclinez cette recette à l'infini /

01. Préchauffez votre four à 180 °C (th. 6). Épluchez les carottes et pochez-les 5 min dans une casserole d'eau bouillante. Épluchez l'ail. Effeuillez et lavez le persil. Mixez le Saint-Moret, le persil et l'ail dans un robot. Badigeonnez le centre de l'escalope de ce mélange, avant d'y déposer les carottes. Poivrez. Puis roulez l'escalope et ficelez-la avec de la ficelle alimentaire.

02. Posez l'escalope roulée dans un plat à four et laissez cuire 25 min. Lorsque le roulé est cuit, découpez-le en tranches épaisses. Dressez-les dans une boîte-déjeuner en verre ou en plastique micro-ondable. Conservez au frais et réchauffez au micro-ondes avant de déguster.

1 personne
Préparation : 15 min
Cuisson : 30 min
Budget : €

4 carottes fanes
1 gousse d'ail
3 branches de persil plat
1 escalope de dinde
50 g de Saint-Moret allégé
Poivre

astuce / Et si vous remplaciez les carottes par des pointes d'asperges vertes ? Et le persil par du cerfeuil ?

+ nutrition / L'association du fromage maigre avec l'escalope de dinde permet d'augmenter la quantité de protéines de cette recette et d'apporter un peu de calcium. Un bon apport nutritionnel pour tous ceux qui doivent contrôler leur poids. / ***à compléter par...*** 1 bonne assiette de légumes + 1 fruit.

Escabèche de cabillaud au thym

/ nous vous proposons cette recette chaude. Mais elle est toute aussi délicieuse froide, pensez-y quand l'été arrive /

1 personne
Préparation : 10 min
Cuisson : 15 min
Budget : € €

1 tomate

1 citron non traité

180 g de filet de cabillaud découpé épais (ou du lieu, de la daurade…)

30 g de petits pois

1 branche de thym

5 cl de vin blanc

1 cuil. à soupe d'huile d'olive

Poivre

01. Videz et coupez la chair de la tomate en petits dés. Détachez la peau du citron en faisant attention de bien retirer les parties blanches. Puis hachez la peau et pressez le jus.

02. Préchauffez le four à 180 °C (th. 6). Déposez le filet de cabillaud dans un plat à four, recouvrez le poisson avec les dés de tomate, la peau du citron hachée, les petits pois. Ajoutez le thym, le vin blanc et l'huile d'olive. Poivrez et faites cuire 15 min, en l'arrosant de temps en temps.

03. Lorsque le poisson est cuit, dressez-le dans une boîte-déjeuner en verre ou en plastique micro-ondable. Recouvrez avec la garniture aromatique et le jus de cuisson. Conservez au frais et réchauffez au micro-ondes avant de déguster.

astuce / Pour relever ce plat, saupoudrez votre poisson d'une pincée de piment d'Espelette et d'une pincée de curcuma avant d'enfourner.

+ nutrition / Le cabillaud est un poisson maigre qui rassasie rapidement. Le vin blanc que vous ajoutez à votre recette subit, sous l'effet de la cuisson, une évaporation de l'alcool. Il s'agit donc d'une recette sans alcool que vous pouvez servir également à vos enfants. / ***à compléter par…*** 1 portion de légumes + 1 portion de féculents + 1 yaourt aux fruits (pour une portion, comptez 3 à 4 cuil. à soupe).

Agneau confit au four, à la coriandre et graines de grenade

/ dégustez cette recette tiède avec du pain pita et du yaourt nature mélangé à de la menthe fraîche. Divin ! /

01. Déposez la viande dans un petit plat. Salez légèrement, poivrez et faites cuire au four à 110 °C (th. 3-4) pendant 1 h 30. Pendant ce temps, coupez les abricots en cubes. Récupérez les graines de grenade. Lavez et hachez la coriandre fraîche. Faites cuire les mange-tout dans une casserole d'eau bouillante. Rafraîchissez-les sous un filet d'eau froide et coupez-les en deux.

02. Lorsque la viande est cuite et moelleuse, effeuillez-la avec une fourchette et mélangez-la dans un saladier avec tous les autres ingrédients. Poivrez et ajoutez l'huile d'olive. Dressez le tout dans une boîte-déjeuner en verre ou en plastique micro-ondable. Conservez au frais et réchauffez au micro-ondes avant de déguster.

1 personne
Préparation : 15 min
Cuisson : 1 h 30
Budget : € €

250 g d'épaule d'agneau

2 abricots

½ grenade

5 branches de coriandre fraîche

100 g de mange-tout (ou haricots verts)

1 cuil. à café d'huile d'olive

Poivre

astuce / *Pour préparer la grenade, il faut la couper en deux et récupérez délicatement les graines, en ôtant les membranes blanches.*

+ nutrition / *Contrairement à ce que l'on pense l'épaule d'agneau n'est pas très grasse. C'est une viande goûteuse qui n'a pas besoin d'être salée, ce qui est un avantage pour ceux qui souffrent de maladies cardio-vasculaires. Pour ceux qui ont besoin d'une quantité de légumes plus importante, n'hésitez pas.* / ***à compléter par…*** *1 portion de pâtes (150 à 200 g en poids cuit, soit environ 70 g en poids cru) + 1 flan nature.*

Blanc de poulet vapeur mariné à la citronnelle, sur un riz au vinaigre

/ comment ne pas devenir accro à cette recette ? Et dire qu'elle est parfaite quand on veut protéger son cœur et ses artères /

1 personne
Préparation : 15 min
Cuisson : 15 min
Budget : € €

1 blanc de poulet

80 g de riz rond (spécial sushi ou risotto)

½ bâton de citronnelle

1 cuil. à soupe de vinaigre de riz (en vente dans les épiceries asiatiques)

1 pincée de sucre en poudre

5 tranches fines de concombre

1 jus de citron vert

1 cuil. à soupe d'huile d'olive

¼ botte de ciboulette

Poivre

01. Mettez le blanc de poulet à cuire à la vapeur pendant 15 min. Rincez le riz 3 fois et déposez-le dans une petite casserole. Mouillez à 1 cm au-dessus du niveau du riz avec de l'eau. Faites cuire à feu doux pendant 10 min environ.

02. Pendant ce temps, épluchez et hachez finement la citronnelle. À la fin de la cuisson du poulet, coupez-le finement. Lorsque le riz est cuit, ajoutez le vinaigre, le sucre, la citronnelle. Poivrez et mélangez.

03. Dressez le riz au fond d'une boîte-déjeuner en verre ou en plastique micro-ondable. Disposez le poulet sur le dessus en intercalant les tranches de concombre. Dans un bol, fouettez le jus de citron, l'huile d'olive et la ciboulette ciselée. Nappez le poulet avec ce mélange. Conservez au frais et réchauffez au micro-ondes avant de déguster.

astuce / Choisissez du riz arborio pour cette recette, il s'y prête parfaitement.

+ nutrition / *Le riz est une céréale relativement riche en protéines, 7 g pour 100 g. Associé au blanc de poulet, il offre un rassasiement excellent. Ouf, vous n'aurez pas faim dans l'après-midi ! Privilégiez le riz complet, riche en glucides complexes et fibres. Sachez que certaines personnes ne supportent pas de grandes quantités de fibres. Mais rassurez-vous, si vous ne l'aimez pas, vous trouverez des fibres dans d'autres aliments….*

/ ***à compléter par…*** 1 assiette de légumes + 1 yaourt aux fruits.

Tomates farcies au poisson blanc et pommes de terre écrasées à l'aneth

/voici une version de tomates farcies fraîche et originale/

1 personne
Préparation : 15 min
Cuisson : 35 min
Budget : €

2 pommes de terre de taille moyenne (ou un reste de purée)

150 g de filet de poisson blanc

4 branches d'aneth

1 cuil. à soupe d'huile d'olive

2 tomates

Poivre

01. Épluchez et mettez les pommes de terre à cuire dans une casserole d'eau bouillante pendant 20 min environ. Lorsqu'elles sont cuites, égouttez-les sans jeter l'eau et écrasez-les avec une fourchette.

02. Plongez le poisson 5 min dans l'eau de cuisson des pommes de terre bouillante pour le cuire. Égouttez-le et effeuillez-le avant de le mélanger avec les pommes de terre écrasées. Ajoutez l'aneth haché et l'huile d'olive. Poivrez et mélangez.

03. Préchauffez le four à 180 °C (th. 6). Coupez le chapeau des tomates et videz l'intérieur délicatement. Garnissez-les avec la préparation au poisson. Remettez les chapeaux et déposez-les dans un plat. Faites cuire au four pendant 15 min.

04. Lorsque les tomates sont cuites mais encore fermes, déposez-les dans une boîte-déjeuner en verre ou en plastique micro-ondable. Conservez au frais et réchauffez au micro-ondes avant de déguster.

astuce / Vous pouvez remplacer l'aneth par 2 cuillères à soupe de cerfeuil ciselé.

+ nutrition / Le poisson blanc, quel qu'il soit, est toujours maigre. Choisissez donc celui que vous voulez. Le mélange pommes de terre-poisson vous permet d'avoir un plat principal bien rassasiant et maigre, profitez-en.
/ ***à compléter par...*** 1 mélange de pousses de soja et de champignons noirs + 1 soupe de fruits rouges.

Parmentier de saumon, salade d'épinards à l'huile de noix

/ saumon et épinards, on sait combien l'alliance fonctionne. En voici une nouvelle déclinaison… /

1 personne
Préparation : 10 min
Cuisson : 20 min
Budget : €

30 g de petites feuilles d'épinards (tétragone)

1 grosse pomme de terre

1 pavé de saumon (de 180 g environ)

1 cuil. à café d'huile d'olive

2 cuil. à café d'huile de noix

Quelques baies roses

Poivre

01. Lavez et séchez les feuilles d'épinard. Lavez et faites cuire la pomme de terre dans une casserole d'eau bouillante pendant 20 min.

02. Pendant ce temps, coupez le saumon en petits dés réguliers et faites-les revenir quelques minutes dans une poêle avec l'huile d'olive. Lorsque la pomme de terre est cuite, épluchez-la et écrasez-la avec une fourchette.

03. Mélangez le saumon, les feuilles d'épinard et la pomme de terre écrasée dans votre boîte-déjeuner. Poivrez et parsemez de quelques baies roses. Ajoutez l'huile de noix. Conservez au frais et réchauffez au micro-ondes avant de déguster.

astuce / Remplacez la pomme de terre écrasée par de la purée d'artichaut.

+ nutrition / *Il est bon d'alterner la nature des poissons que l'on mange car les poissons gras (tels que le saumon) apportent de bons acides gras (oméga 3), de même que l'huile de noix ; tandis que les poissons maigres contiennent plus de protéines que les poissons gras. Cette alternance de poissons permet d'apporter à l'organisme tous les nutriments essentiels dont il a besoin.*
/ ***à compléter par…*** *1 fromage blanc avec de la confiture (ou du miel).*

Pâtes à la pulpe d'aubergine et tofu au thym

/vous craquerez pour le duo aubergine et tofu. Une façon originale d'embellir des pâtes /

01. Cuire l'aubergine à la vapeur pendant 25 min. Pendant ce temps, faites cuire les pâtes *al dente* dans une casserole d'eau bouillante puis égouttez-les.

02. Ouvrez l'aubergine et récupérez la pulpe avec une cuillère. Taillez le tofu en cubes. Mélangez les pâtes, la pulpe d'aubergine, le tofu et le thym dans une boîte-déjeuner en verre ou en plastique micro-ondable. Versez l'huile d'olive. Ajoutez une toute petite pincée de sel et poivrez. Conservez au frais et réchauffez au micro-ondes avant de déguster.

1 personne
Préparation : 15 min
Cuisson : 25 min
Budget : €

1 petite aubergine

50 g de pâtes courtes (penne, fusilli…)

50 g de tofu

½ cuil. à café de thym séché

1 cuil. à soupe d'huile d'olive

Sel, poivre

astuce / Vous pouvez remplacer le tofu par du blanc de poulet ou du jambon aux herbes émincé.

+ nutrition / *Le tofu permet de compléter l'apport en protéines des pâtes. Alterner sources de protéines animales et végétales participe à un bon équilibre nutritionnel. Quant à l'aubergine, gardez sa peau, c'est une mine d'antioxydants, surtout lorsqu'elle a une couleur très foncée.* / **à compléter par…** Si vous avez encore faim, ajoutez 1 œuf dur. En dessert, 1 tarte aux abricots (ou 1 tarte fine aux pommes).

Riz frit au boeuf et à la tomate

/en vingt minutes top chrono, vous obtenez une délicieuse recette à la fois rassasiante et bonne pour votre cœur. Que demander de plus ? /

1 personne
Préparation : 10 min
Cuisson : 10 min
Budget : €

1 gousse d'ail
1 pavé de rumsteck (environ 150 g)
1 cuil. à soupe d'huile d'olive
5 tomates cerises
1 pincée de graines de cumin
1 branche de basilic
100 g de riz cuit
Poivre

01. Épluchez et hachez l'ail. Coupez la viande en petites lamelles. Chauffez l'huile d'olive. Saisissez la viande et l'ail dans l'huile fumante et laissez cuire quelques instants en remuant. Puis ajoutez les tomates rincées, le cumin, le basilic et le riz.

02. Poivrez et laissez roussir 5 min en remuant. Dressez le tout dans une boîte-déjeuner en verre ou en plastique micro-ondable. Conservez au frais et réchauffez au micro-ondes avant de déguster.

astuce / C'est encore meilleur avec un peu de paprika en poudre.

+ nutrition / *Le pavé de rumsteck est une viande maigre qui, associée à du riz, donne un plat complet vous permettant ne pas avoir faim jusqu'au dîner. Attention à ne pas la saler surtout si l'on a des problèmes cardio-vasculaires.* / **à compléter par...**
1 yaourt allégé au chocolat

Fricassée de poulet aux petits pois et coquillettes

/une recette canaille avec des ingrédients faciles à trouver… Pensez aussi à préparer ce plat pour vos enfants, le soir, ils adoreront /

1 personne
Préparation : 15 min
Cuisson : 17 min
Budget : €

¼ de botte de ciboulette

1 citron non traité

1 blanc de poulet

2 cuil. à café d'huile de colza

50 g de petits pois

100 g de coquillettes cuites

1 pincée d'herbes de Provence

1 cuil. à soupe de Ketchup

Poivre

01. Coupez finement la ciboulette et râpez le zeste de citron. Mélangez les deux et réservez. Saisissez le blanc de poulet dans une poêle brûlante avec 1 cuillère d'huile de colza. Faites-le colorer des deux côtés puis baissez le feu. Laissez cuire 10 min environ, à feu doux. Égouttez le poulet sur une assiette, couvrez-le d'une feuille de papier d'aluminium et laissez-le refroidir.

02. Versez l'autre cuillère d'huile dans la poêle. Ajoutez les petits pois, les coquillettes et les herbes de Provence. Laissez roussir 3 ou 4 min à feu vif puis ajoutez le Ketchup. Poivrez, mélangez, laissez cuire 3 min à nouveau et dressez le tout dans une boîte-déjeuner en verre ou en plastique micro-ondable.

03. Coupez le poulet en longues tranches que vous déposerez sur les coquillettes. Nappez de jus de cuisson. Parsemez le tout du mélange ciboulette/citron. Conservez au frais et réchauffez au micro-ondes avant de déguster.

astuce / Vous pouvez remplacer le Ketchup par du coulis de tomate.

+ nutrition / *Voici des aliments très complémentaires : poulet, légumes et féculents. On peut utiliser fréquemment le ketchup, sans dépasser 1 cuil. à soupe par repas. Et l'huile de colza est utile pour apporter de bons acides gras, surtout en prévention de maladies cardio-vasculaires.* / ***à compléter par…*** ½ melon.

Poêlée de boeuf aux champignons sauvages

/ dès que la saison des champignons arrive, lancez-vous dans cette recette /

1 personne
Préparation : 10 min
Cuisson : 10 min
Budget : € € €

1 steak de bœuf de 150 à 180 g environ (filet, tende de tranche, macreuse, bavette ou faux-filet)

180 g de champignons sauvages (cèpes, girolles, pleurotes, chanterelles)

1 oignon nouveau

1 cuil. à soupe d'huile d'olive

10 myrtilles fraîches (ou surgelées)

5 feuilles de basilic

Poivre

01. Coupez la viande en lanières. Lavez et séchez les champignons. Épluchez et coupez finement l'oignon nouveau. Chauffez l'huile dans une poêle, saisissez les morceaux de viande avec l'oignon émincé dans l'huile chaude. Laissez cuire 2 min puis ajoutez les champignons. Poivrez et mélangez. Laissez cuire 3 min à nouveau, à feu vif, en remuant.

02. Dressez la poêlée dans une boîte-déjeuner en verre ou en plastique micro-ondable. Ajoutez les myrtilles rincées et les feuilles de basilic avant de mélanger. Conservez au frais et réchauffez au micro-ondes avant de déguster.

astuce / Pour éviter de saler cette recette, ajoutez une belle pincée de piment d'Espelette en poudre et 2 pincées de paprika doux.

+ nutrition / *Les champignons sont des aliments très riches en eau et vraiment peu caloriques, 30 à 40 calories pour 100 g. En y associant quelques myrtilles et un oignon, on apporte plusieurs vitamines et des minéraux. Le morceau de bœuf vous apportera les protéines animales dont vous avez besoin.* / ***à compléter par...*** 2 petits-suisses + 1 salade de fruits.

Boulettes de veau au persil, huile de colza aux épices

/ ces boulettes de veau sont faciles à déguster. Parfaites pour une pause déjeuner sur le pouce /

1 personne
Préparation : 10 min
Cuisson : 25 min
Budget : €

- 3 branches de persil plat
- 150 g de veau haché
- 100 g de riz cuit
- 10 raisins secs
- 1 œuf
- 1 pointe de harissa
- ½ cuil. à café de curry en poudre
- 1 cuil. à soupe d'huile de colza
- Poivre

01. Préchauffez le four à 180 °C (th. 6). Lavez et hachez grossièrement le persil. Dans un saladier, mélangez le veau avec le riz cuit, les raisins secs, l'œuf, la harissa, le curry et le persil haché. Poivrez et malaxez l'ensemble avec la main. Formez 5 petites boulettes et posez-les dans un plat à four. Arrosez-les d'huile de colza et faites cuire les boulettes 25 min.

02. Lorsque les boulettes sont cuites, déposez-les dans une boîte-déjeuner en verre ou en plastique micro-ondable. Conservez au frais et réchauffez au micro-ondes avant de déguster.

astuce / Pour des notes encore plus épicées, rajoutez une pincée de mélange 4 épices dans vos boulettes.

+ nutrition / Le veau est une viande maigre. La quantité de protéines de cette recette est importante puisque l'on y ajoute un œuf et du riz. On retrouve donc un mélange de protéines animales et végétales tout à fait en accord avec nos besoins nutritionnels. / ***à compléter par…*** 1 salade verte + 1 petite mangue.

Magret de canard au potiron, roquette et framboises

/ potiron, roquette et framboises, voilà un trio très original pour accompagner le magret de canard. Une belle découverte…/

1 personne
Préparation : 20 min
Cuisson : 10 min
Budget : € €

150 g de chair de potiron

2 cuil. à café d'huile de colza

30 g de roquette

1 oignon nouveau

½ magret de canard

4 cerneaux de noix

15 framboises

2 cuil. à café d'huile de noix

1 cuil. à café de vinaigre balsamique

Poivre

01. Coupez la chair du potiron en petits morceaux et faites-les poêler 5 min avec l'huile de colza. Lavez la roquette. Coupez finement l'oignon nouveau. Retirez la peau du magret de canard et faites-le cuire à la vapeur pendant 5 min (ou dans une casserole d'eau bouillante) puis coupez-le en petits morceaux.

02. Mélangez le canard, l'oignon, le potiron, les cerneaux de noix hachés, les framboises, l'huile de noix et le vinaigre. Poivrez. Dressez le tout dans une boîte-déjeuner en verre ou en plastique micro-ondable. Conservez au frais jusqu'au moment de déguster.

astuce / Pour changer, remplacez l'huile de noix par de l'huile de noisette. Ses notes vont particulièrement bien avec le potiron. Essayez aussi de troquer la roquette contre du pissenlit.

+ nutrition / Viande très riche en protéines (23 g pour 100 g), le canard contient des lipides en partie sous forme d'acide gras mono-insaturés, favorables dans la prévention des maladies cardio et cérébro-vasculaires. C'est aussi une viande qui regorge de fer, cuivre et zinc. Le potiron est un légume pauvre en calories, riche en bêta-carotène et antioxydants comme la lutéine et la zéaxanthine. Voici une recette qui apporte de nombreux nutriments, complétés par les acides gras oméga 3 des huiles de noix et colza. / ***à compléter par…*** 1 yaourt + 1 salade de fruits.

Blanquette de dinde vite faite au yaourt et curry

/ la blanquette nous rappelle les déjeuners du dimanche. En voici une version express et inratable pour vous souvenir de ces bons moments à l'heure du déjeuner /

01. Coupez le blanc de dinde en cubes réguliers. Lavez et coupez les champignons de Paris. Épluchez et coupez finement les oignons et la carotte. Chauffez l'huile dans une poêle et saisissez les cubes de dinde quelques instants. Ajoutez les oignons, les champignons et les carottes. Laissez cuire le tout 10 min à feu très doux, en remuant.

02. Ajoutez le yaourt, le curry, un peu de poivre et mélangez. Laissez cuire 5 min. Dressez le plat dans une boîte-déjeuner en verre ou en plastique micro-ondable. Parsemez de persil haché. Conservez au frais et réchauffez au micro-ondes avant de déguster.

1 personne
Préparation : 15 min
Cuisson : 15 min
Budget : €

180 g de blanc de dinde

6 champignons de Paris

3 petits oignons nouveaux

1 carotte

1 cuil. à soupe d'huile de tournesol

1 yaourt nature

4 pincées de curry en poudre

2 brins de persil

Poivre

astuce / À vous de trouver le bon dosage pour le curry, selon vos goûts et vos envies.

+ nutrition / La dinde est devenue l'une des volailles les plus consommées en France. Cette viande très maigre (1 g de lipide pour 100 g) est une source importante de fer, zinc, sélénium et nombreuses de vitamines du groupe B. Le yaourt vous apportera une bonne quantité de calcium. Le curcuma, qui donne sa couleur jaune au curry, aurait des propriétés bénéfiques pour la santé. En particulier, pour les personnes qui, à la suite d'une prise de poids, ont un foie qui grossit et devient gras. /

à compléter par… Des fruits au sirop dont on enlèvera le jus.

Escalope de veau roulée aux pointes d'asperges

/ dès que la saison des asperges arrive, profitez de cette belle recette… /

1 personne
Préparation : 15 min
Cuisson : 30 min
Budget : € €

6 pointes d'asperges vertes

1 escalope de veau

1 cuil. à soupe de Saint-Moret allégé

1 cuil. à café de moutarde verte à l'estragon

1 cuil. à soupe d'huile d'olive

8 tomates cerises jaunes (facultatif)

Poivre

01. Préchauffez votre four à 180 °C (th. 6). Plongez les pointes d'asperges pendant 3 à 5 min dans une casserole d'eau bouillante. Coupez l'escalope en deux, aplatissez les 2 morceaux en tapant dessus avec le fond d'une casserole. Badigeonnez de Saint-Moret et de moutarde verte (sur une face). Posez au centre de chaque morceau de viande 3 asperges, poivrez puis roulez chaque demi-escalope en serrant bien. Ficelez-les à l'aide de ficelle alimentaire.

02. Déposez les roulés dans un plat et ajoutez l'huile d'olive. Faites cuire pendant 25 min. Ajoutez les tomates cerises dans le plat à mi-cuisson. Lorsque les roulés sont cuits, dressez-les dans une boîte-déjeuner en verre ou en plastique micro-ondable. Ajoutez les tomates cerises. Conservez au frais et réchauffez au micro-ondes avant de déguster.

astuce / Pensez à glisser une belle feuille de basilic sur vos demi-escalopes avant de les rouler.

+ nutrition / Le veau est une viande à la fois très maigre et riche en protéines. En l'associant avec un peu de fromage, on lui ajoute des protéines et du calcium. Évitez de saler puisque la moutarde contient déjà du sel, ainsi que le fromage. L'asperge est un légume très peu calorique : 20 calories pour 6 asperges. Riches en fibres, elles régularisent le transit intestinal. / ***à compléter par…*** 1 yaourt + 1 soupe de fruits rouges + 2 biscuits au chocolat.

Cuisse de pintade, mirabelles et potiron

/ une recette qui embellira vos pauses déjeuner… /

1 personne
Préparation : 15 min
Cuisson : 25 min
Budget : €

200 g de chair de potiron

1 cuisse de pintade désossée

¼ de botte de ciboulette

10 mirabelles

1 cuil. à soupe d'huile de noisette

2 cuil. à café de vinaigre de xérès (ou de vin)

Poivre

01. Épluchez et mettez la chair de potiron à cuire pendant 20 min au micro-ondes. Coupez la cuisse de pintade en petits morceaux, saisissez les morceaux de pintade dans une poêle chaude, sans matière grasse. Baissez le feu et laissez cuire 20 min environ à feu doux.

02. Pendant ce temps, lavez et ciselez la ciboulette. Lavez les mirabelles et dénoyautez-les. Lorsque le potiron est cuit, écrasez-le avec une fourchette, ajoutez la ciboulette ciselée et l'huile de noisette. Poivrez et dressez la purée au fond d'une boîte-déjeuner en verre ou en plastique micro-ondable.

03. Lorsque la pintade est cuite, ajoutez les mirabelles dans la poêle, laissez cuire 1 min de plus en remuant. Déglacez avec le vinaigre. Poivrez. Déposez les morceaux de pintade avec les mirabelles et le jus de cuisson sur la purée de potiron. Conservez au frais et réchauffez au micro-ondes avant de déguster.

astuce / Vous pouvez remplacer les mirabelles par d'autres prunes, des figues, des girolles ou encore des cèpes en morceaux.

+ nutrition / La pintade est une viande un peu oubliée. Pourtant, elle est particulièrement riche en protéines tout en étant peu calorique. Le mélange de mirabelles (ou d'autres prunes) et de potiron vous garantit un apport optimal en antioxydants. / ***à compléter par…*** 1 fromage blanc + 1 tarte aux fruits.

Émincé de bœuf et vermicelles à l'huile d'olive et piment

/ une recette pleine de saveurs dépaysantes pour protéger son cœur tout en se faisant plaisir /

1 personne
Préparation : 10 min
Cuisson : 5 min
Budget : € €

30 g de vermicelles de riz

1 pavé de bœuf

2 gousses d'ail rose

½ tige de citronnelle

1 cuil. à soupe d'huile d'olive

1 pincée de piment d'Espelette

5 feuilles de basilic

Poivre

01. Mettez les vermicelles dans un saladier, recouvrez-les d'eau chaude et laissez « cuire » 10 min avant de les rafraîchir sous un filet d'eau froide.

02. Pendant ce temps, coupez le pavé de bœuf en tranches. Épluchez et hachez les gousses d'ail. Coupez finement la citronnelle. Chauffez l'huile dans une poêle, saisissez les morceaux de bœuf dans l'huile chaude quelques instants. Ajoutez l'ail et laissez cuire 2 min, en remuant. Ajoutez le piment et les feuilles de basilic. Puis stoppez le feu.

03. Mélangez le bœuf au basilic avec les vermicelles, ajoutez le jus de cuisson et la citronnelle. Poivrez et mélangez. Dressez le plat dans une boîte-déjeuner en verre ou en plastique micro-ondable. Conservez au frais et réchauffez au micro-ondes avant de déguster.

astuce / Vous pouvez remplacer la citronnelle par un petit morceau de gingembre que vous éplucherez et râperez avant de l'intégrer à cette recette.

+ *nutrition* / *Les vertus nutritionnelles de l'ail ? Il contient du fer, du soufre, du zinc, du manganèse, du cuivre et même du nickel. Il a une réputation « santé » tout à fait extraordinaire. On dit de lui qu'il protège le cœur et les vaisseaux, qu'à haute dose il réduit la pression artérielle et qu'il fluidifie le sang. Le consommer ne peut vous faire que du bien !* / ***à compléter par…*** 1 fromage blanc battu + des fruits jaunes (ananas ou prune par exemple).

Émincé de veau aux tomates cerises et basilic

/ pensez à préparer cette recette quand vous avez un reste de semoule, ou encore de quinoa, lentilles ou pâtes /

1 personne
Préparation : 10 min
Cuisson : 15 min
Budget : € €

1 escalope de veau
10 tomates cerises
1 gousse d'ail rose
1 cuil. à soupe d'huile de colza
1 branche de thym frais
80 g de semoule cuite
6 feuilles de basilic
Poivre

01. Coupez le veau en longues lanières. Lavez et équeutez les tomates cerises. Épluchez et hachez l'ail. Chauffez l'huile dans une poêle, saisissez les lanières de veau dans l'huile chaude, ajoutez le thym et l'ail haché.

02. Laissez roussir 5 min puis ajoutez les tomates cerises, mélangez et laissez cuire 7 ou 8 min à nouveau, en remuant. Ajoutez le basilic, poivrez et mélangez délicatement avant de stopper le feu. Dressez la semoule et le jus de cuisson du veau dans le fond d'une boîte-déjeuner en verre ou en plastique micro-ondable. Ajoutez le veau et les tomates au basilic. Conservez au frais et réchauffez au micro-ondes avant de déguster.

astuce / Les fans de tomate rajouteront 2 ou 3 cuillères à soupe de coulis de tomates dans la poêlée de veau à la fin.

+ nutrition / Le mélange de tomate et semoule, associé à une escalope de veau maigre vous apporte un plat complet du point de vue nutritionnel. À noter que le basilic est une excellente source de vitamine K et apporte un peu de fer. / ***à compléter par…*** 1 morceau d'emmental (ou de chèvre) + 1 belle tranche de pain.

monbento

Penne à la trévise et foies de volaille

/ testez aussi cette recette en version froide. Vous obtiendrez une salade de pâtes originale… /

01. Faites cuire les pâtes à l'eau bouillante et égouttez-les. Coupez finement la trévise et coupez les foies de volaille en petits morceaux. Taillez les figues en 4. Chauffez l'huile de colza dans une poêle, saisissez les foies de volaille dans l'huile chaude. Laissez-les cuire 1 min puis ajoutez la trévise. Poivrez et mélangez. Laissez cuire 2 min à nouveau, toujours à feu vif.

02. Ajoutez les pâtes, les morceaux de figues et l'huile de noix, stoppez le feu et mélangez délicatement. Dressez le plat dans une boîte-déjeuner en verre ou en plastique micro-ondable. Conservez au frais et réchauffez au micro-ondes avant de déguster.

1 personne
Préparation : 10 min
Cuisson : 10 min
Budget : €

- 50 g de penne
- ¼ de trévise
- 4 foies de volaille
- 2 figues fraîches
- 2 cuil. à café d'huile de colza
- 1 cuil. à café d'huile de noix
- Poivre

astuce / Vous pouvez rajouter dans la poêlée de foie de volaille un fond d'artichaut coupé en morceaux (vendu en bocal).

+ nutrition / Les protéines de cette recette sont apportées par les foies de volaille. Vous trouverez des féculents grâce aux pâtes et même des fruits avec les figues. Huile de colza et huile de noix vous donnent les acides gras essentiels, oméga 3, qu'il vous faut. Il vous suffit de peu (ou pas) saler. /
à compléter par… 1 fromage blanc + 1 coulis de fruits rouges.

Spaghettis à la sardine et courgettes à la menthe

/ menthe, courgette, sardine, le tout rehaussé par une pointe d'ail. Toutes ces saveurs fonctionnent bien ensemble et vous protégeront des risques cardio-vasculaires en un tour de main /

1 personne
Préparation : 15 min
Cuisson : 10 min
Budget : €

50 g de spaghettis
1 gousse d'ail rose
1 petite courgette
2 branches de menthe fraîche
2 sardines à l'huile
1 léger filet d'huile d'olive
½ citron
Poivre

01. Faites cuire les spaghettis à l'eau bouillante et égouttez-les. Pendant ce temps, épluchez et hachez l'ail. Râpez la courgette. Lavez et hachez la menthe. Après avoir ôté les arêtes et la peau, écrasez les sardines bien égouttées avec une fourchette.

02. Chauffez l'huile d'olive dans une poêle. Saisissez l'ail dans l'huile chaude, ajoutez les sardines écrasées et la courgette. Laissez cuire 2 min avant d'ajouter les pâtes, la menthe, le jus du demi-citron. Poivrez. Mélangez et dressez les pâtes dans une boîte-déjeuner en verre ou en plastique micro-ondable. Conservez au frais et réchauffez au micro-ondes avant de déguster.

astuce / Pour gagner du temps, achetez des sardines à l'huile déjà désarêtées. Pensez à bien les éponger dans du papier absorbant pour ôter l'excédent d'huile.

+ nutrition / La sardine est un poisson très intéressant du point de vue nutritionnel grâce à son apport en acides gras oméga 3 et à la quantité de vitamine D qu'elle nous apporte. De plus, elle est riche en protéines et contient de la vitamine A et E. /

à compléter par… 1 fromage blanc à 20 % de matière grasse + 1 fruit de saison.

Magret de canard poêlé, mousseline de céleri aux zestes de citron

/ la petite touche acidulée du citron rehausse les saveurs du céleri et se marie vraiment bien avec le canard /

01. Coupez la chair du céleri en cubes et faites-les cuire à la vapeur (ou à l'eau bouillante) pendant 20 min environ. Pendant ce temps, lavez et hachez grossièrement la coriandre. Râpez le zeste du citron.

02. Retirez la peau du magret de canard, coupez-le en tranches et saisissez-les 1 min de chaque côté dans une poêle brûlante, sans matière grasse.

03. Une fois le céleri cuit, égouttez-le et écrasez-le avec une fourchette. Puis mélangez-le avec le zeste de citron, la coriandre et l'huile d'olive. Poivrez et dressez le tout dans une boîte-déjeuner en verre ou en plastique micro-ondable. Ajoutez les lamelles de canard sur la purée. Conservez au frais et réchauffez 2 min au micro-ondes avant de déguster.

1 personne
Préparation : 15 min
Cuisson : 25 min
Budget : € €

200 g de chair de céleri

4 branches de coriandre

1 citron vert

½ magret de canard

1 cuil. à café d'huile d'olive

Poivre

astuce / Pour une version express, utilisez de la purée de céleri surgelée.

+ nutrition / Le céleri est un légume contenant des antioxydants qui auraient un rôle anti-inflammatoire et antibactérien au niveau de l'intestin. Il est une très bonne source de vitamine K, vitamine B6 et vitamine C. /
à compléter par… 1 fromage blanc + des framboises et des myrtilles.

Bien déjeuner dans ma “boîte”

Bon à savoir

10 réflexes simples pour protéger son cœur et ses artères

Mettez votre grain de sel

Produits «plus» / produits «moins»

La pause déjeuner des salariés : une étude qui en dit long…

Index alphabétique

Mes recettes, mes idées, mes notes…

10 réflexes simples pour protéger son coeur et ses artères

/ L'alimentation joue un rôle crucial quand on souhaite prévenir les facteurs de risques cardio-vasculaires. Encore faut-il connaître les bons comportements à adopter au quotidien. Tour d'horizon des 10 conseils qui vous aideront à avoir un cœur en pleine santé, avec les recommandations du docteur Patrick Serog, nutritionniste et membre du Comité médical et scientifique du groupe Malakoff Médéric /

1/ Chassez le sel de votre assiette.

L'un des ennemis numéro 1 des maladies cardio-vasculaires, c'est le sel car, consommé à haute dose, il augmente la pression artérielle et peut entraîner une hypertension. Or, cette dernière est un des principaux facteurs qui conduit aux maladies cardio-vasculaires. Les Français consomment entre 8 g et 12 g de sel par jour, alors que la quantité recommandée est de 6 g. Pour diminuer la quantité de sel de son alimentation, l'idéal est d'y aller par paliers, pour que le palais s'accommode progressivement à ce changement de goût. Les trois bons gestes ? Ne resalez jamais un plat, sans l'avoir goûté ; ne mettez pas de salière sur la table et limitez les aliments trop riches en sodium : charcuteries, fromages (notamment roquefort, parmesan, cheddar, fromages bleus), conserves, cubes de bouillon, olives et poissons en saumure, cornichons, câpres, gâteaux apéros, viandes et poissons fumés, pain…

2/ Limitez le gras.
Quand on veut protéger son cœur, il faut avoir la main légère sur le gras, comme la crème fraîche, le beurre, le lait entier (utilisez du lait ½ ou écrémé), le lait de coco (aussi calorique que la crème fraîche), etc. Méfiez-vous aussi des graisses cachées, contenues notamment dans les pâtisseries, glaces, charcuteries, fromages, hamburgers, frites et certains pains industriels…

3/ Misez sur le poisson.
Privilégiez les **poissons blancs** (lotte, lieu, cabillaud, thon albacore, sole…) car ils sont toujours maigres. Ce sont de bons fournisseurs de protéines et de vitamines dont le corps a besoin, sans être caloriques : l'équation idéale pour ceux qui présentent un risque cardio-vasculaire, les diabétiques ou les personnes en surpoids. Mais n'oubliez pas de consommer 2 fois par semaine des **poissons gras** (saumon, maquereau, sardine…), qui apportent les oméga 3 dont nous avons tant besoin. Pensez aussi aux noix de Saint-Jacques ou encore aux crevettes, particulièrement maigres et peu caloriques.

4/ Adoptez les viandes maigres.
Un steak maigre, découpé dans la poire, la tranche ou le rumsteck par exemple, équivaut environ à 110 calories pour 100 g. Les viandes maigres sont très riches en protéines (23 g pour 100 g) mais leur quantité de graisses ne dépasse pas 3 à 4 g pour 100 g. Autrement dit, ne vous en privez pas, mais ne dépassez pas 500 g par semaine en poids cuit. Sachez qu'en prime, la viande contient du fer, du zinc, du sélénium et des vitamines du groupe B. Consommée en quantité raisonnable, elle est un vrai bienfait pour votre santé. En revanche, évitez les viandes trop grasses, telles que le mouton. Enfin, le filet mignon de porc, contrairement aux idées reçues, est une viande maigre, ne vous en privez pas.

5/ Variez les couleurs des fruits et légumes que vous consommez.
Le mélange des couleurs vous apporte, en effet, une variété d'antioxydants nécessaires au bon fonctionnement de votre organisme. Les antioxydants (vitamines A, C et E ou minéraux) empêchent ou ralentissent la dégradation de nos cellules et leur vieillissement prématuré. Ils participent également à renforcer nos défenses immunitaires.

6/ Adoptez l'huile de colza.
Elle vous apportera les acides gras essentiels dont vous avez besoin, oméga 3 et oméga 6. Idéalement, mélangez-la

à l'huile d'olive, qui est, quant à elle, riche en acides gras mono-insaturés. Un vrai cocktail de bons nutriments. L'huile de noix a la même quantité en acides gras oméga 3 que l'huile de colza mais ne peut être cuite car elle s'oxyde très vite, contrairement à l'huile de colza.

7/ Pensez aux légumes secs.
On appréciera leur goût, leur diversité et surtout leur pouvoir rassasiant (pois cassés, haricots rouges, noirs ou blancs, haricots mungo, pois chiches, fèves…). Ils permettent d'augmenter la ration des fibres, nécessaires pour avoir un cœur en pleine forme. En effet, ces dernières permettent de diminuer un peu l'absorption du cholestérol dans l'organisme. Misez notamment sur les lentilles qui sont des légumes secs remarquables : très riches en protéines, 24 g aux 100 g et très pauvres en graisses (seulement 1,7 g pour 100 g), leur teneur en fibres est importante. Profitez-en.

8/ Ayez le réflexe céréales.
Les céréales vous apporteront des protéines d'origine végétale : riz (préférez-le complet, il vous apportera des glucides complexes ainsi que des fibres, grâce à la cuticule qui recouvre le grain), semoule, boulgour, avoine… Pensez en particulier au quinoa, une céréale en vogue, excellente source de protéines mais aussi de manganèse, fer, cuivre, magnésium, zinc et vitamine B2.

9/ Déjouez les pièges caloriques
Méfiez-vous des « bombes caloriques », telles que les olives (surtout noires), les pignons de pin (7 calories dans un seul pignon), les noix, les graines de sésame, les amandes, les pistaches et les cacahuètes… Il faut les consommer à faible dose car elles augmentent rapidement le quota calorique d'une recette.

10/ Pratiquez une activité physique régulière et faites-vous dépister.
Une alimentation équilibrée et bien ciblée ne suffit pas, il faut aussi adopter une activité physique régulière (au moins 30 minutes de marche par jour). Les facteurs de risques qui favorisent l'apparition des maladies cardio-vasculaires sont aussi : diabète, excès de cholestérol, troubles du sommeil, tabac, alcool, surpoids… Pensez à vous faire dépister régulièrement par une prise de sang et une prise de pression artérielle. Notamment si vous venez d'une famille à risque et que vous êtes sédentaire. /

Mettez votre grain de sel

/Pour tout comprendre de cet ingrédient incontournable et apprendre à l'éviter, voici 5 questions qu'on devrait tous se poser avant de saler… /

1. C'est quoi le sel ?
Derrière le sel, se cache du chlorure de sodium. Fleur de sel, sel rose de l'Himalaya, sel noir, le marché ne cesse de nous proposer de nouveaux sels aux vertus attirantes… Mais au final, il s'agit avant tout d'arguments marketing car c'est encore et toujours du chlorure de sodium. À noter : la fleur de sel contient un tout petit peu plus de minéraux que les autres sels.

2. Faut-il se rabattre sur les « faux sels » ?
Les faux sels qu'on trouve dans le commerce sont en fait du chlorure de potassium. Ils envahissent les rayons et les sites internet mais dans les faits, mieux vaut apprendre à moins saler et ne pas mettre de salière sur la table plutôt que de les adopter. En effet, leur goût métallique change la saveur des aliments. De plus, ces faux sels constituent un apport en potassium important que certaines personnes ont du mal à éliminer. Pour avoir la main plus légère sur le sel, sachez aussi qu'il existe des pulvérisateurs à sel (comme pour l'huile) qui permettent de réduire la consommation de 25 à 50 %. En appuyant sur un bouton, une très faible quantité de sel est distribuée, là où avec une salière classique, le sel coule abondamment et parfois trop.

3. Doit-on avoir le réflexe « allégé en sel » ?
Sur certains emballages, on peut lire « allégé en sel ». Prenons l'exemple du jambon « à -25 % de sel ». Soyez vigilant car cela reste un produit salé. Moins 25 % sur un produit très salé, c'est encore trop pour les hypertendus et ceux qui souhaitent prévenir les risques cardio-vasculaires.

4. Par quoi peut-on remplacer le sel ?
Adoptez, sans modération, les épices et les fines herbes. Elles apportent du goût et de la couleur, sans prendre de risques pour son cœur et ses artères. Pensez aussi à miser sur le vinaigre de xérès, qui active les papilles. En bouche, il donne l'impression d'être salé.

5. Dans quels aliments se cache le sel ?
Le sel est (presque) partout. Dans l'ensemble des aliments préparés (sauf les aliments pour bébés), du sel est rajouté. Soit pour des raisons sanitaires (comme pour les charcuteries), soit pour des raisons gustatives (comme dans les pâtes feuilletées, plats tout préparés, soupes en briques). Si les fabricants n'en mettaient pas, les gens bouderaient ces produits, tant nos palais sont habitués aux aliments (trop) salés. /

Produits «plus» / produits «moins»

Produits à privilégier

Pour aider à maîtriser les facteurs de risques cardio-vasculaires :

- Légumes
- Fruits
- Poissons maigres (merlan, sole, cabillaud, thon albacore, lieu, lotte…)
- Poissons gras (maquereau, sardine, saumon…)
- Crevettes
- Noix de Saint-Jacques
- Jambon blanc
- Filet mignon de porc
- Bœuf (en évitant les morceaux trop gras comme l'entrecôte, la côte de bœuf)
- Canard (sans le gras)
- Veau
- Volailles (poulet, dinde, pintade, sans la peau)
- Agneau (selle sans gras, gigot, côtes filets sans gras, épaule)
- Riz (surtout riz complet)
- Tous les légumes secs (pois cassés, lentilles, haricots…)
- Toutes les céréales (boulgour, quinoa…)
- Poivre
- Pommes de terre (et notamment les vitelottes qui ont naturellement un goût salé)
- Tofu
- Fromages « mous », car ils sont gorgés d'eau : pour une même quantité de matière, ils contiennent moins de gras ; mieux vaut par exemple un morceau de fromage de chèvre frais ou de camembert plutôt que du comté
- Cancoillotte : un des rares fromages qui n'est ni trop gras, ni trop salé
- Huile de colza (pour cuisson et assaisonnement) et si vous l'aimez, l'huile de noix (uniquement en assaisonnement) : pour ceux qui n'apprécient pas le goût de l'huile de colza, mélangez-la avec de l'huile d'olive ou de tournesol
- Ail
- Toutes les épices
- Toutes les fines herbes
- Vinaigres
- Moutarde sans sel
- Cornichons au vinaigre
- Eau de fleur d'oranger
- Yaourts : soit les yaourts dits « nature » (ils sont alors demi-écrémés à 1,5 % de matière grasse) soit les yaourts à 0 % de matière grasse
- Fromage blanc (à 0 % ou 20 % de matière grasse)
- Desserts à base de fruits
- Chocolat noir : avec modération, il est recommandé d'en consommer entre 10 et 20 g maximum par jour
- Sorbets
- Jus de fruits, smoothies, milk-shakes préparés avec du lait écrémé (à consommer avec modération)
- Lait écrémé ou demi-écrémé

/ Voici un petit récapitulatif utile pour savoir quels aliments on doit privilégier et ceux qu'on doit délaisser, quand on veut prendre soin de son cœur. À garder dans un coin de sa tête ou à scotcher dans son agenda, sur son réfrigérateur… /

Produits à limiter

Pour aider à maîtriser les facteurs de risques cardio-vasculaires :

- Charcuteries
- Jambon cru
- Gâteaux apéros
- Chips
- Frites : si vous ne pouvez résister, commandez-les sans sel au restaurant et misez sur une friteuse qui n'utilise que très peu d'huile à la maison
- Certaines pizzas très riches en graisses (comme la 4 fromages ou la pepperoni)
- Hamburgers (sauf ceux faits « maison » avec une viande à 5 % de matière grasse)
- Toutes les viandes grasses et notamment le mouton
- Toutes les conserves : trop salées
- Certains plats tout préparés : regardez la quantité de lipides sur les étiquettes (ne pas dépasser 5 g de lipides pour 100 g) et vérifier que la quantité de lipides est inférieure à celle des protéines
- Soupes en briques ou en conserve : trop salées
- Viandes et poissons fumés
- Crabe : à consommer rarement car il est naturellement très salé
- Fromages bleus (roquefort, morbier…) : ils sont à la fois très gras et très salés
- Tarama
- Beurre
- Crème fraîche
- Lait de coco
- Cubes de bouillon : trop salés
- Sauce soja
- Cornichons
- Pignons
- Croûtons
- Olives
- Câpres
- Moutarde en grande quantité (c'est-à-dire à tous les repas)
- Sel
- Pain : utilisez des biscottes sans adjonction de sel ou commandez du pain sans ajout de sel auprès de votre boulanger
- Desserts gras et sucrés
- Glaces
- Lait entier

La pause déjeuner des salariés : une étude qui en dit long…

/ Malakoff Médéric a fait réaliser une étude sur **les habitudes des salariés au déjeuner et leur perception des maladies cardio-vasculaires***. Un moyen efficace et objectif de découvrir les coulisses des pauses déjeuner en entreprises et de savoir si les salariés font rimer alimentation avec nutrition et même… protection du cœur. Tour d'horizon des chiffres-clés. /

Les salariés et leur pause déjeuner

L'équilibre alimentaire, une préoccupation aux yeux des salariés français

Des salariés soucieux de leur alimentation / Plus de 8 salariés sur 10 déclarent qu'avoir une alimentation équilibrée est une préoccupation quotidienne (86 %). Score quasi-identique (81 %) pour ceux qui déclarent faire attention à leur alimentation au jour le jour, car ils considèrent qu'elle est importante pour leur santé et pour rester en forme.

* Étude Harris Interactive pour Malakoff Médéric réalisée en ligne du 3 au 10 mai 2012. Echantillon de 1 000 individus représentatifs des salariés français âgés de 18 ans et plus, à partir de l'access panel Harris Interactive. Méthode des quotas et redressement appliquée aux variables suivantes : sexe, âge, catégorie socioprofessionnelle, statut d'activité et région de l'interviewé(e).

Des salariés un peu déboussolés quant à l'application des bonnes pratiques nutritionnelles / 67 % des salariés trouvent que les conseils en nutrition sont trop contraignants et difficiles à mettre en œuvre au quotidien. 60 % manquent souvent d'idée lorsqu'ils doivent préparer leurs repas. Et ils sont 57 % à déclarer qu'il est difficile de concilier plaisir et équilibre au quotidien. Globalement donc, les salariés peuvent sembler dépourvus lorsqu'il s'agit de mêler nutrition, plaisir et praticité.

Les lunchbox, une tendance qui se confirme

Près de la moitié des salariés (ne disposant pas de cantine) ont le réflexe lunchbox / 46 % des salariés, n'ayant pas de cantine, apportent leur déjeuner au travail au moins une fois par semaine. Et parmi eux, ils sont 27 % à l'emporter tous les jours ou presque.

Des recettes « maison » / Près de la moitié des salariés (49 %) qui apportent leur déjeuner au travail l'ont systématiquement préparé eux-mêmes. Ils ne sont que 6 % à apporter des plats tout préparés.

Goût et praticité, les deux mots d'ordre / Lorsqu'ils préparent leur déjeuner à emporter, les salariés déclarent avant tout faire attention à son goût (93 %) ainsi qu'à sa praticité pour le manger (90 %) et le transporter (89 %). D'où l'importance de miser sur des recettes savoureuses et faciles à mettre dans une lunchbox.

Des salariés concernés par le coût et l'équilibre alimentaire / Près des deux tiers des salariés qui apportent leur déjeuner au travail attachent une attention particulière à la nutrition et à l'équilibre alimentaire (74 %), ainsi qu'au coût de la recette (72 %).

Les salariés et les maladies cardio-vasculaires

Des salariés « relativement » bien informés

Près de la moitié se disent concernés / Ils sont, en effet, 40 % à déclarer se sentir personnellement concernés par les maladies cardio-vasculaires, l'une des premières causes de mortalité en France. Ce pourcentage augmente sensiblement avec l'âge.

Une information sur les risques perçue comme bonne / 71 % des salariés se considèrent bien informés sur les facteurs de risques (obésité, surpoids, hypertension artérielle, excès de cholestérol...) favorisant les maladies cardio-vasculaires et 64 % sur les comportements à adopter pour prévenir ces dernières.

Mais dans la réalité, le dépistage est assez méconnu et souhaité par beaucoup / 1 salarié sur 5 ne sait pas en quoi consiste un dépistage des maladies cardio-vasculaires. Mais ils sont près de 9 sur 10 (89 %) à déclarer qu'ils seraient prêts à se faire dépister, si leur entreprise le leur proposait. En moyenne, les salariés estiment qu'il est important de faire des dépistages des maladies cardio-vasculaires à partir de 45 ans.

Des salariés conscients du rôle de l'alimentation

Les salariés savent que l'alimentation joue un rôle dans la prévention des facteurs de risques cardio-vasculaires / Ils sont 62 % à souligner l'importance d'avoir une alimentation équilibrée pour prévenir l'apparition de ces facteurs.

Ils ont conscience que surpoids et alimentation trop riche sont des facteurs majeurs / Les deux principaux facteurs de risques favorisant les maladies cardio-vasculaires sont, selon les salariés interrogés, le surpoids (pour 58 % d'entre eux) et une alimentation trop riche, peu équilibrée (pour 46 % d'entre eux). L'hypertension artérielle n'arrive qu'en 6ème position des facteurs de risques proposés, avec 35 %.

Une alimentation saine et équilibrée, la solution privilégiée pour agir / Pour prévenir le risque de maladies cardio-vasculaires, les salariés sont davantage prêts à agir sur leur alimentation (93 %) ou sur leur activité physique (83 %), plutôt qu'à faire des dépistages (73 %), même si on l'a vu précédemment, la grande majorité d'entre eux déclarent être prêts à se faire dépister. /

Index des recettes alphabétique

Mes recettes,
mes idées,
mes notes…